JN320494

まえがき

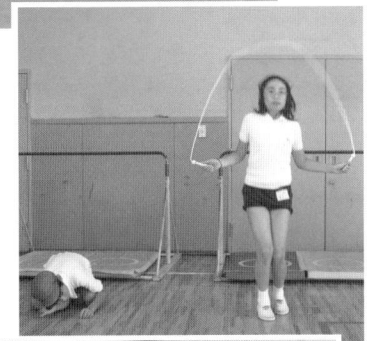

　本シリーズは「どうしたらできるようになるのか」「どうしたらうまくなるのか」という子どもの願いに応えるために，教師が知っておきたい「『運動と指導』のポイント」をわかりやすく示している。

　その特徴は「写真」にある。「写真」を使って運動の経過やつまずきを示すことで，動きと運動のポイントが明確になるようにしている。絵では示し得ない運動の姿をリアルに描き出し，それを日々の授業に役立てていただけることを願ってまとめている。

　このシリーズは，小学校における体育科の内容を考慮し，**「鉄棒」「マット」「とび箱」「ボール」「水泳」「陸上」「なわとび」「体つくり」**の各巻で構成している。それを筑波大学附属小学校の体育部並びに体育部OBで分担，執筆した。

　各巻のなかで取り扱う運動は，系統と適時性を考慮して配列し，基礎的な運動からその発展までを系統樹として巻頭に示した。

　本書は、このシリーズのなかの**「なわとび」**である。

　短なわとびは，前回し，後ろ回し，二重回し系，腕交差のアレンジで技のバリエーションが広がる。それぞれの技を連続写真で示し，イメージしやすいように努めた。

　腕交差系，二重回し系はつまずきや指導のポイントが重複することが多いので，同じ系統の技で取り上げている練習方法を採用するのも有効であることが多い。

　長なわとびでは，いきなり8の字とびから指導を始めたり，高学年ということでダブルダッチを取り上げたりすることがあるが，その前の段階から扱う必要がある運動を系統的に掲載した。1人でも多くの子が仲間と一緒に長なわとびを楽しめるようになることを願っている。

　1人でも，あるいは仲間とでも，生活化しやすいなわとび運動を自分から楽しめる子が増えてくれれば幸いである。

　最後に，本書の出版にご尽力いただいた，多くの関係諸氏に心よりお礼を申し上げたい。

なわとびの授業づくり 10のコツ

1. 用具の調整をしっかり

　長なわとびも，短なわとびも，用具を操作する運動である。したがって，その用具がしっかり調整されなければ，技能の伸びは停滞し，意欲も持続しない。子どもにとって使いやすい用具を準備し（させ）たい。

　短なわは，チューブ状で中に螺旋の補強材が入ったものは避けた方がよい。チューブ状のなわは軽すぎて，二重回し系の技を行うときになわが思うように速く回ってくれない。中までつまったビニル製のなわが適当である。

　長さの調整も大切である。初期の段階では，なわの真ん中を足でふんで，グリップが胸にくるくらいの長さが適当である。グリップの中でなわを止める方法はなわによって異なるが，グリップの中にコブを作って止める方法だけは避けるように指導する。それは，コブが抵抗となって，グリップの中でなわが回転しなくなり，長くとび続けることができなくなってしまうからである。

　なわとび練習用のジャンピングボードも，ぜひ用意したい用具である。二重回し系の技を練習するときに跳躍を助け，余裕を持ってなわ回しを行うことができるようになる。

　非常に効果の高い練習用具なので，市販されている商品を購入するか，自作するかして，準備したいところである。

2. 学習の場は，広すぎず，狭すぎず

　なわとびの学習は比較的狭い空間での展開が可能である。これには以下のような利点がある。
○雨天や冬の雪・霜どけで運動場が使えない場合でも，体育館で2クラス〜4クラス程度の授業が可能
○仲間の活動を視野に入れて運動ができる
○指導者も全体を一目で見渡せるため，マネージメントが比較的容易である
○1人，1グループを大きな声でほめる，アドバイスすると他にもそれが伝わる　等

　このような利点を生かし，運動場で授業を行う場合も場を広げすぎず，全体を一目で見渡せ，指示・賞賛が全体に伝わるように活動の場所を設定するとよい。

　ただし，なわが隣の人に当たったり，長なわで子どもどうしがぶつかるようでは活動に支障をきたすので，適度な空間も必要になる。

3. 授業は回数の確保を

　1時間の授業を短なわとびだけ，長なわとびだけとすると，子どもたちにも飽きが出て学習効果も上がりにくい。基本的には1時間複数組み合わせ単元とし，1回の活動が20分程度になるように計画するとよい。

　例えば，短なわとびを5時間の計画としたとき，〈1時間×5回〉とすると2週間〜3週間で単元終了となる。それを〈20分×10回〉とすることで，学習時間は同じでも，倍の4週間（1ヶ月）〜6週間（1ヶ月半）の間，短なわとびの活動が続くことになる。

　これは次の4.にもかかわってくるが，活動期間が長い方が技能の伸びが大きくなる。

4．休み時間にも練習できる環境づくりを

　なわとびは，1人でも仲間と一緒でも練習が可能である。休み時間に練習できる環境を整えておくと，子どもたちは自分でどんどん練習を進め，めざましいほどの伸びを見せる。授業でなわとびを学習している期間はその活動がさらに活発になる。
　ジャンピングボードは常時使える状態にしておく，長なわも貸し出して使えるようにしておくことが大切になる。

5．なわとびは，なわ回しが肝心

　長なわとびは，実はなわを回す子の技能が記録に大きく影響する。グループで，またクラスでよい記録が出たときは，なわを回した子を大いにほめてやるようにしたい。
　休み時間の活動では，引っ掛かった子がなわ回しにまわるということがよくあるが，授業では，なわ回しも公平に順番で練習させるようにする。
　短なわでもなわ回しの技能は大切である。30秒間，できるだけなわを速く回してとぶ「30秒とび」で70回程度とべると，二重回しができるくらいのなわ回しの技能を身につけていると言える。

6．自分の記録，グループの記録，クラスの記録で，様々な達成感を

　個人の記録を合計してグループの記録に，グループの記録を合計してクラスの記録に，という工夫で，集団的達成感を味わうことができる。集団の凝集性も高まり，学級経営にもよい影響をもたらす。

7．短なわとびは，前回し，後ろ回し同時進行で

　前回しができるようになってから後ろ回しを始めるのではなく，できないながらも後ろ回しを経験しておくことが大切である。前回し交差とびの手首の動きは後ろ回しと同じなので，後ろ回しを多く経験しておくことでその後の技の習得も早くなる。

8．短なわとびも共通課題で，見合い，教え合いを

　なわとびカードを配布してあとは個人練習を進める，というのでは授業としては十分ではない。クラスの共通課題を設け，上手な子をお手本にしたり，見合い，教え合いをしたりして，かかわり合いを持たせるようにしたい。

9．短なわとびをリレーで楽しむ

　短なわとびはリレー形式にして勝負を楽しむことができる。
　56ページでもふれているが，二重回しをできるだけ長くとび続け，引っ掛かったら次の子がすぐに出てきてとぶという方法でリレーにすると，全員の出番が確保され，ドキドキ，ハラハラ，大変な盛り上がりを見せる。種目は二重回しだけでなく，クラスの実態に応じた種目にするとよい。

10．体育授業の長なわとびはグループ学習で

　学級活動や総合的な学習では，1本のなわを全員でとんでクラスの最高記録を目指すという活動も意味を持つ。しかし体育授業としては，運動量・活動量が少なすぎてしまう。数人〜10人に1本のなわを用意して活動量を確保したい。

なわとびの系統樹

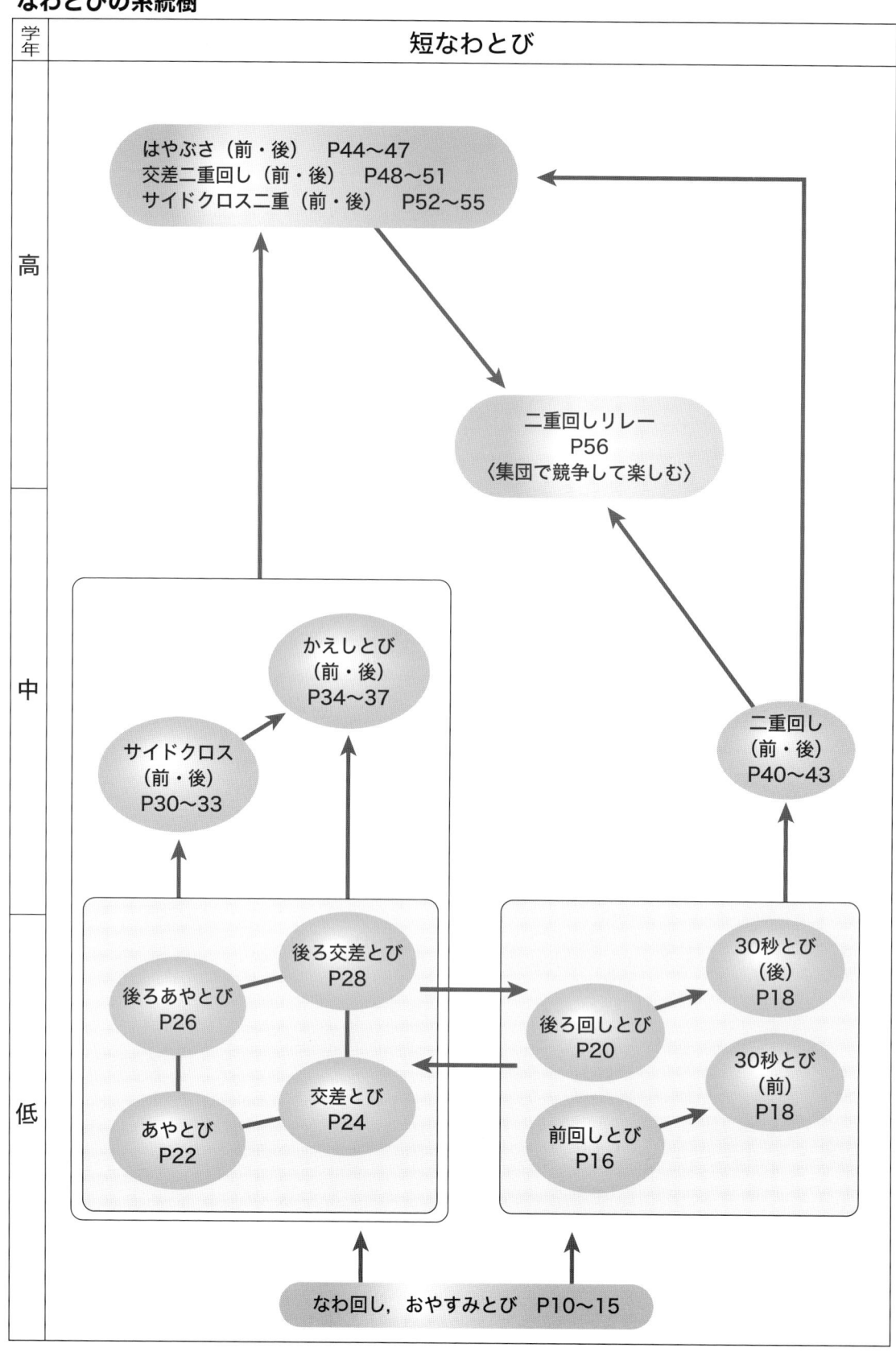

学年	短なわとび

高

- はやぶさ（前・後）　P44〜47
- 交差二重回し（前・後）　P48〜51
- サイドクロス二重（前・後）　P52〜55

二重回しリレー
P56
〈集団で競争して楽しむ〉

中

- サイドクロス（前・後）P30〜33
- かえしとび（前・後）P34〜37
- 二重回し（前・後）P40〜43

低

- 後ろあやとび P26
- 後ろ交差とび P28
- あやとび P22
- 交差とび P24
- 後ろ回しとび P20
- 前回しとび P16
- 30秒とび（後）P18
- 30秒とび（前）P18

なわ回し，おやすみとび　P10〜15

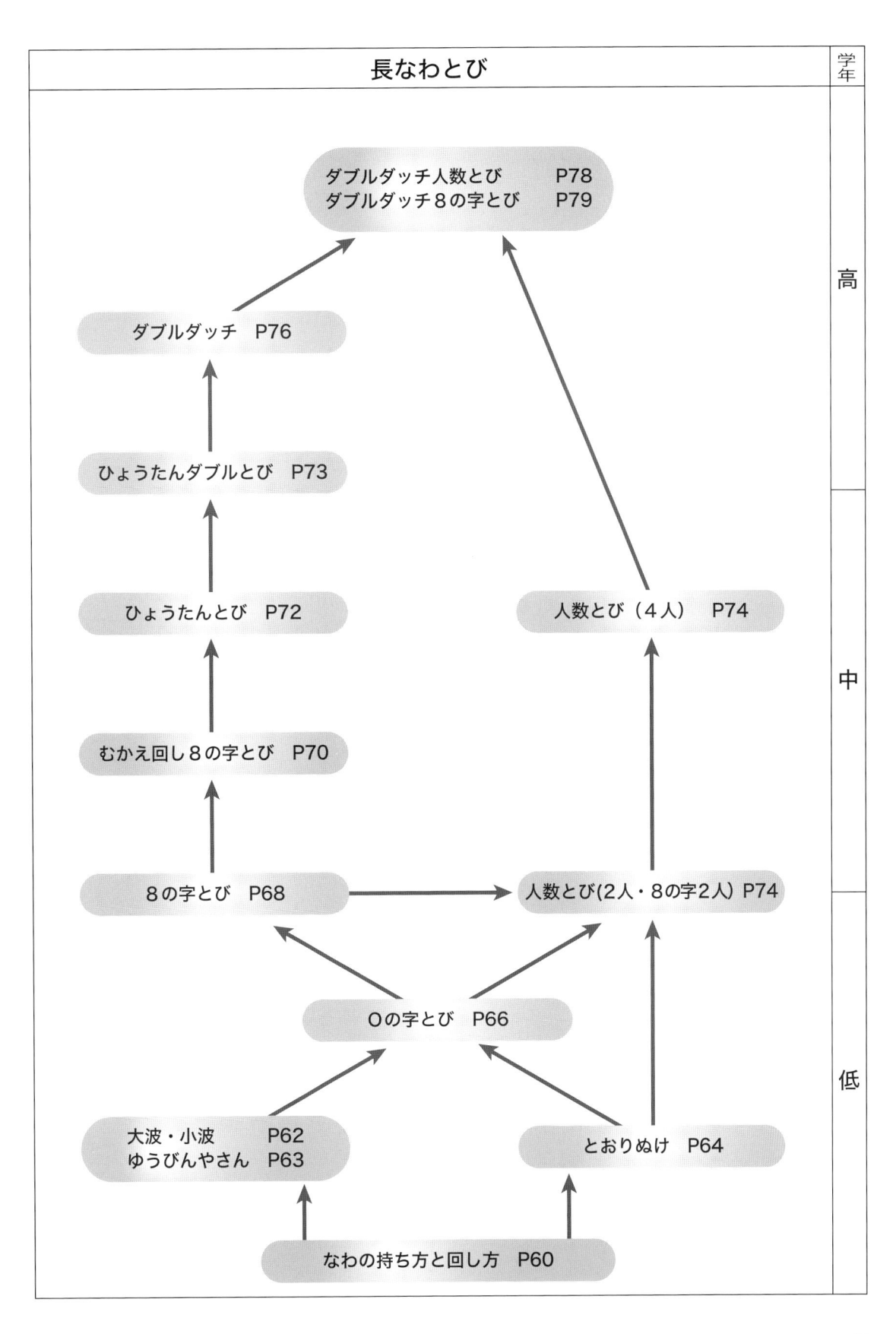

長なわとび

	学年
ダブルダッチ人数とび　P78 ダブルダッチ8の字とび　P79	高
ダブルダッチ　P76	
ひょうたんダブルとび　P73	
ひょうたんとび　P72	中
むかえ回し8の字とび　P70	
人数とび（4人）　P74	
8の字とび　P68　→　人数とび(2人・8の字2人) P74	
Oの字とび　P66	低
大波・小波　P62 ゆうびんやさん　P63　　　　とおりぬけ　P64	
なわの持ち方と回し方　P60	

目次

◇まえがき　　　　　　　　　　　　　　　　　　　　　　　　　　　　　　　1

◇なわとびの授業づくり10のコツ　　　　　　　　　　　　　　　　　　　　2・3

◇なわとびの系統樹　　　　　　　　　　　　　　　　　　　　　　　　　　4・5

Ⅰ．短なわとび〔基本的なとび方〕

1．基礎となる動き ──────────────────────── 10
- ■なわの片手回し（前・後）　　　　　　　　　　　　　　　　　　　　10
- ■なわの片手回し（体の前で回す・8の字）　　　　　　　　　　　　　　12
- ■おやすみとび（1回旋2跳躍）　　　　　　　　　　　　　　　　　　　14

2．いろいろなとび方 ─────────────────────── 16
- ■前回しとび（1回旋1跳躍）　　　　　　　　　　　　　　　　　　　　16
- ■30秒とび　　　　　　　　　　　　　　　　　　　　　　　　　　　　18
- ■後ろ回しとび　　　　　　　　　　　　　　　　　　　　　　　　　　20
- ■あやとび　　　　　　　　　　　　　　　　　　　　　　　　　　　　22
- ■交差とび　　　　　　　　　　　　　　　　　　　　　　　　　　　　24
- ■後ろあやとび　　　　　　　　　　　　　　　　　　　　　　　　　　26
- ■後ろ交差とび　　　　　　　　　　　　　　　　　　　　　　　　　　28
- ■サイドクロス　　　　　　　　　　　　　　　　　　　　　　　　　　30
- ■後ろサイドクロス　　　　　　　　　　　　　　　　　　　　　　　　32
- ■かえしとび　　　　　　　　　　　　　　　　　　　　　　　　　　　34
- ■後ろかえしとび　　　　　　　　　　　　　　　　　　　　　　　　　36

Ⅱ．短なわとび〔二重回し系のとび方〕
- ■前二重回し　　　　　　　　　　　　　　　　　　　　　　　　　　　40
- ■後ろ二重回し　　　　　　　　　　　　　　　　　　　　　　　　　　42
- ■はやぶさ（あや二重回し）　　　　　　　　　　　　　　　　　　　　44
- ■後ろはやぶさ（後ろあや二重回し）　　　　　　　　　　　　　　　　46
- ■交差二重回し　　　　　　　　　　　　　　　　　　　　　　　　　　48
- ■後ろ交差二重回し　　　　　　　　　　　　　　　　　　　　　　　　50
- ■サイドクロス二重　　　　　　　　　　　　　　　　　　　　　　　　52
- ■後ろサイドクロス二重　　　　　　　　　　　　　　　　　　　　　　54
- ■二重回しリレー　　　　　　　　　　　　　　　　　　　　　　　　　56

Ⅲ. 長なわとび

1. 基礎となる動き ───────────────── 60
   - ■なわの持ち方と回し方　　　　　　　　　60
   - ■大波・小波　　　　　　　　　　　　　　62
   - ■ゆうびんやさん　　　　　　　　　　　　63
   - ■とおりぬけ　　　　　　　　　　　　　　64
   - ■0の字とび　　　　　　　　　　　　　　66
2. いろいろなとび方 ───────────────── 68
   - ■8の字とび　　　　　　　　　　　　　　68
   - ■むかえ回し8の字とび　　　　　　　　　70
   - ■ひょうたんとび　　　　　　　　　　　　72
   - ■人数とび　　　　　　　　　　　　　　　74
   - ■ダブルダッチ　　　　　　　　　　　　　76

1. 短なわとび
〔基本的なとび方〕

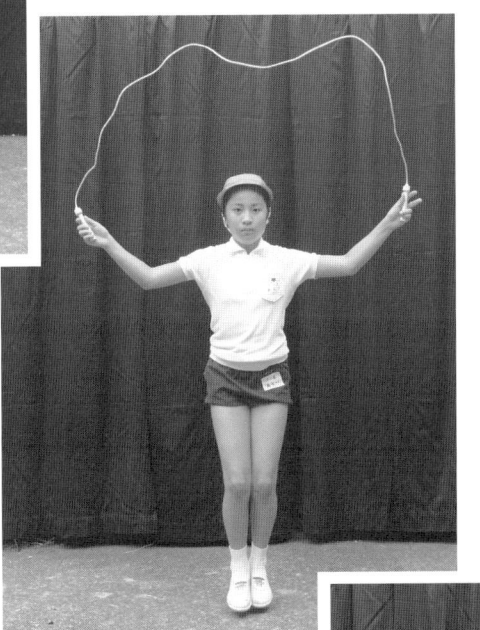

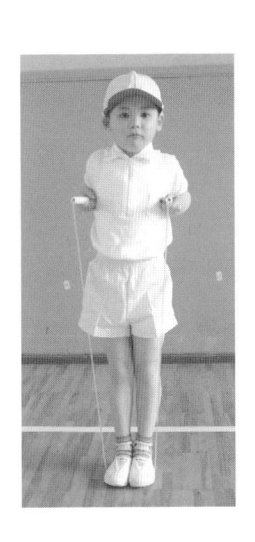

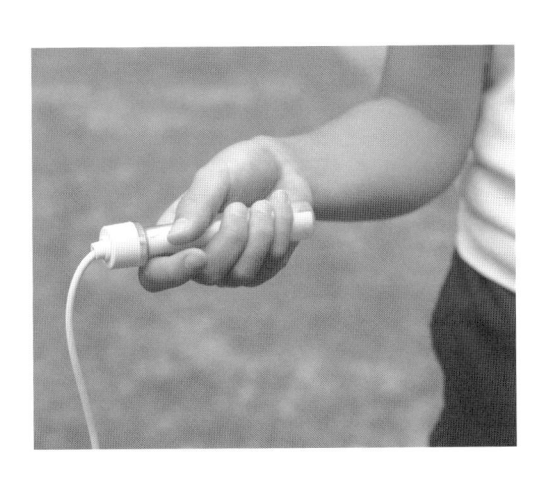

Ⅰ-1 基礎となる動き
なわの片手回し（前・後）

低

運動のポイント

■前回し■

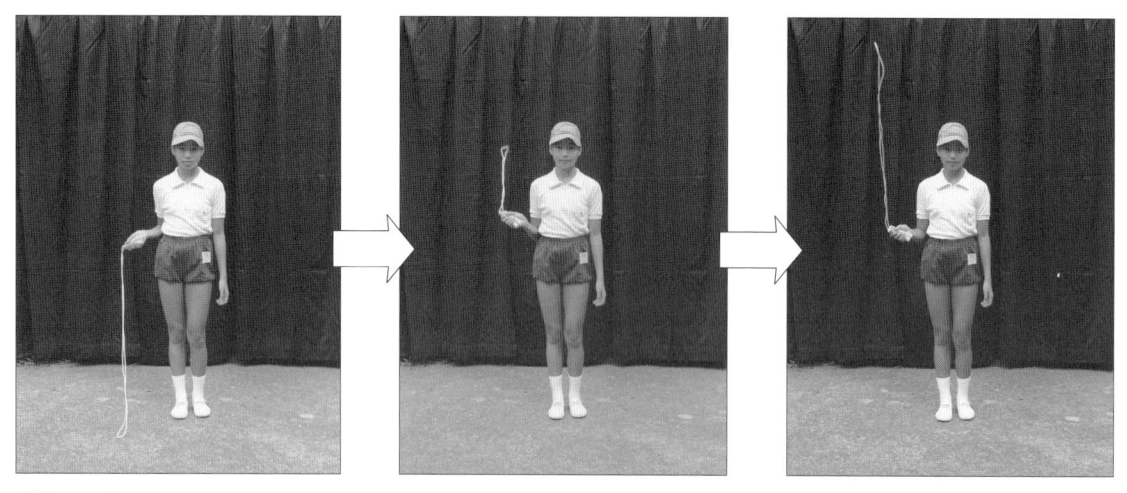

■後ろ回し■

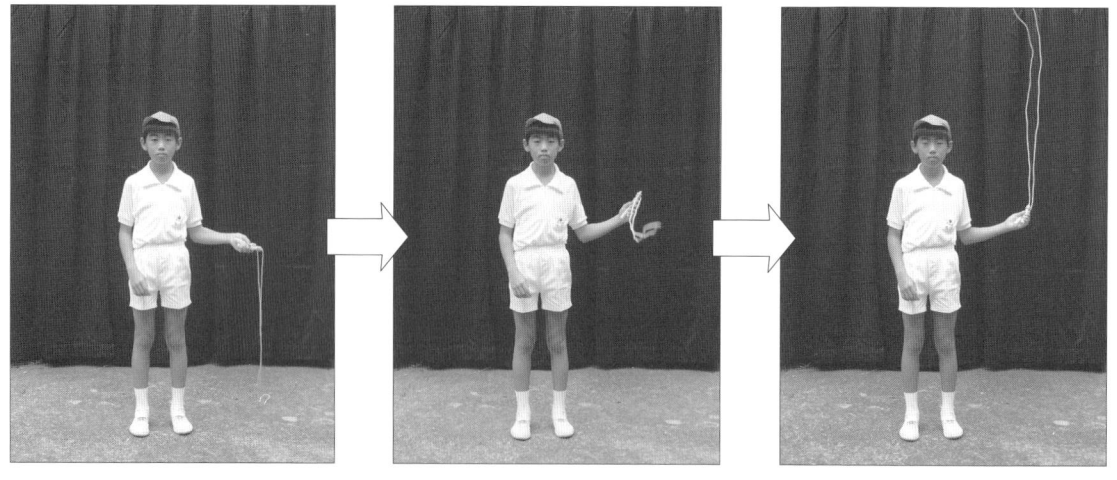

・はじめは肩から大きく回す方が回しやすい。
・慣れてきたら脇をしめ，手首の回転でなわを回せるとよい。
・体に対して平行になわが回せると，なわとび運動の際もなわがゆがまずに回せるようになる。
・なわの回転が一定のリズムになるように，太鼓でリズムを助けてやるとよい。

なわを回すことは低学年児童にとって意外に難しい。短なわの両方のグリップを片手で握り，体の脇でなわを回す。

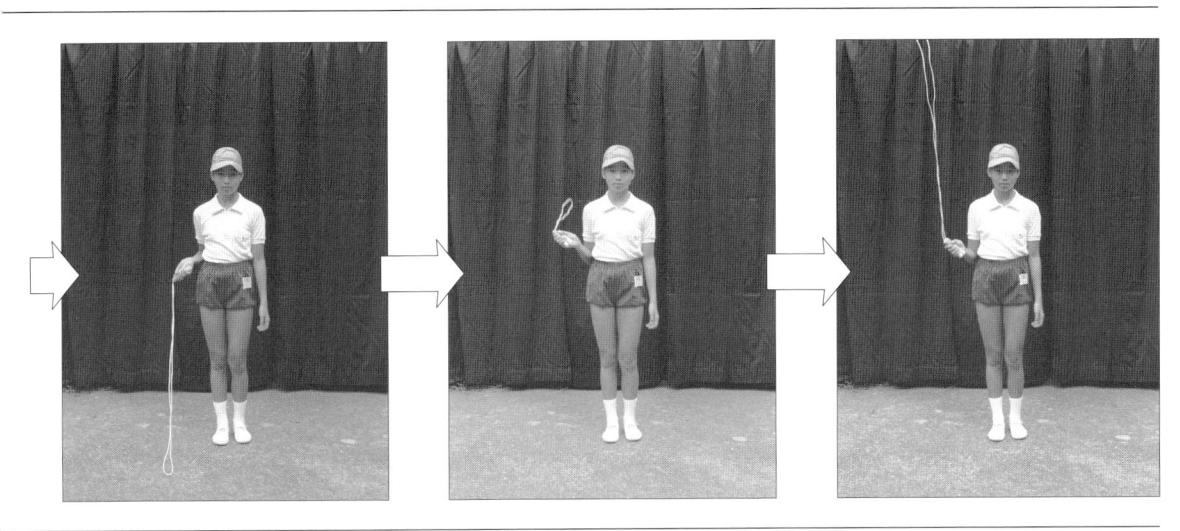

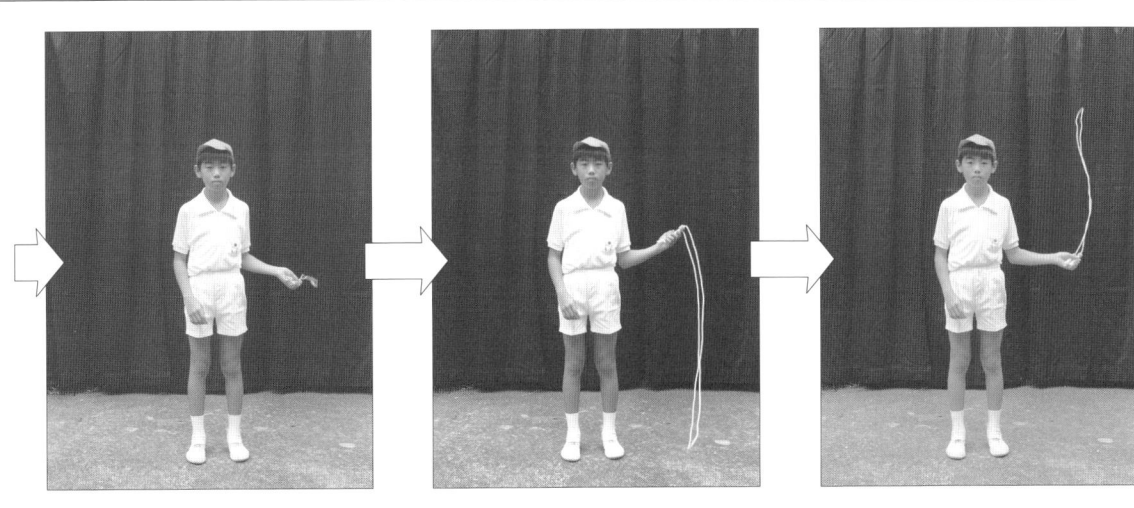

つまずく動きと指導のポイント

●肩から大きく腕を回してしまう
→ 肘を体につけて回すように助言する。

●なわが体と平行にならない
　足に当たりそうになる
→ グリップの先（なわが出ている方）を少し上に向けるようにする。

I-1 基礎となる動き

なわの片手回し（体の前で回す・8の字）

低

運動のポイント

■体の前で回す■

〈時計回り〉

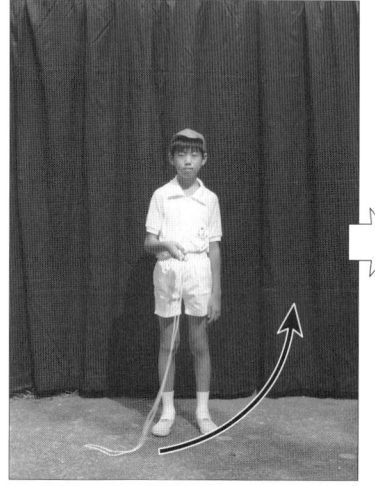

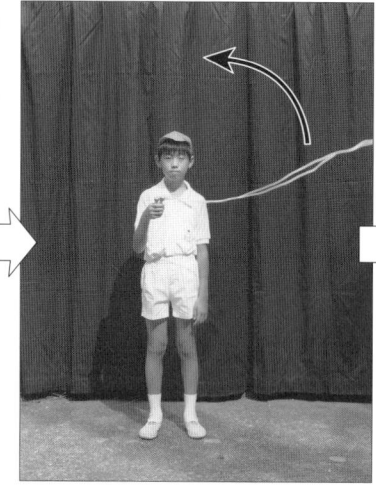

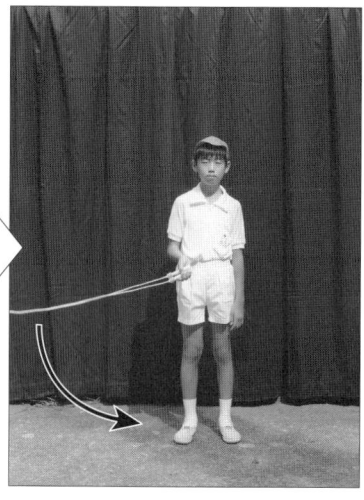

- 回しやすい後ろ回しと同じ回転（時計回り）から始め，反対回しも行う。
- なわの持ち替えなども扱うと変化があっておもしろい。
- 体の前で回す運動は長なわの回旋にもつながる。

■8の字■

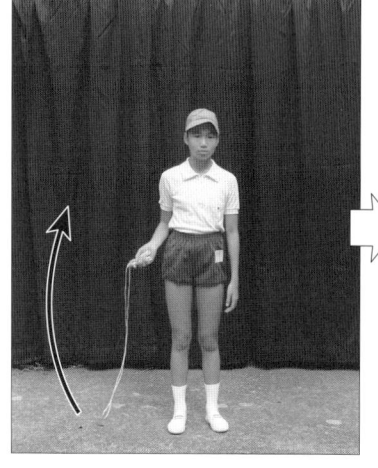

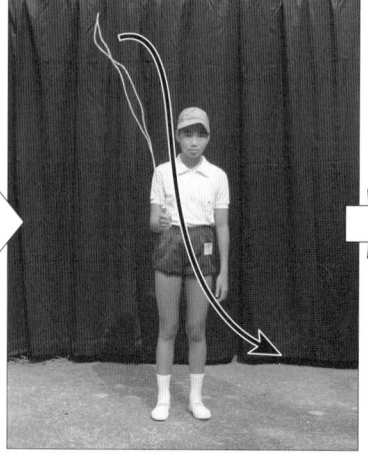

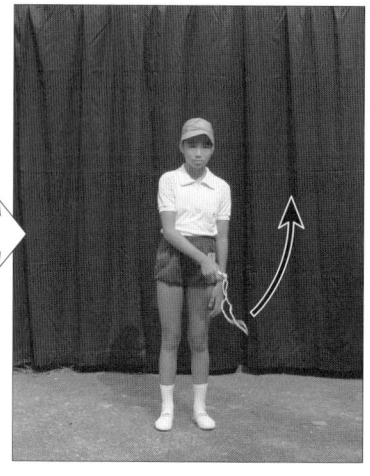

- あやとびと同じなわ回しである。左手，右手，両手，あやとびにした場合の前回し，後ろ回しをバランスよく練習する。
- はじめは手を大きく動かし，体の前で×を描くように回す。
- 慣れてきたら，手首の動きで回せるようにしていく。
- 体の近くをなわが回り，なわの回旋の幅が狭くなっていくとよい。

両方のグリップを片手に持ち，体の前で回す。右利きの子が回しやすい時計回りの回し方は，後ろ回しの手首の使い方と同じである。

様々な回し方で手首でのなわ回しを体感させたい。

〈反対回し〉

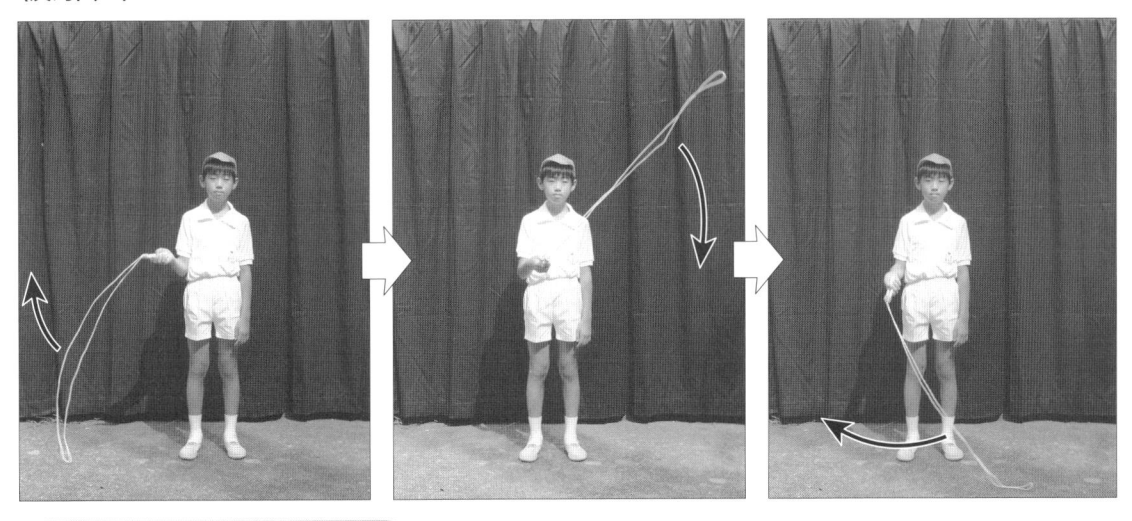

つまずく動きと指導のポイント

・体の前で垂直に回せない場合は，大きくゆっくり回すことを意識させる。
・左右，回転の方向による回しやすさの差が出るが，練習量に差が出ないように回数を指示したり，交代の指示を出したりする。

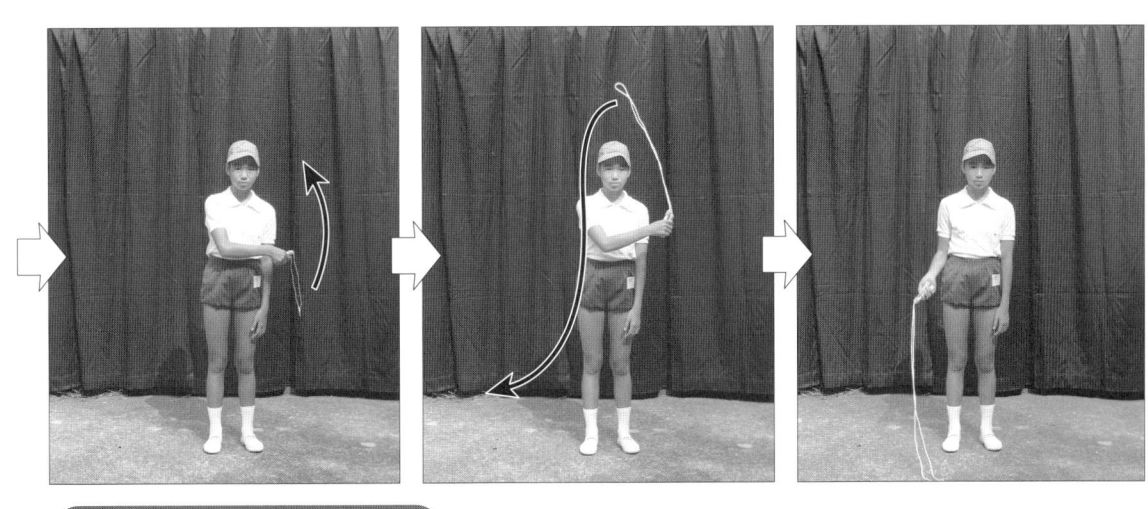

つまずく動きと指導のポイント

・大きく手を動かしても8の字の回旋ができない場合は，教師が後ろから手を持って補助し，回せたところで手を離す。
・手首がうまく使えない場合は，片手後ろ回し(p.10)と並行して練習を進める。あやとびにした場合の前回し，後ろ回し両方ができると，手首の使い方がわかってくる。

13

1-1 基礎となる動き

おやすみとび（1回旋2跳躍）

低

運動のポイント

<グリップの握り方>

小指，薬指，中指の順にしっかりグリップを握る。人さし指，親指は軽く添える程度にすると手首の動きが自由になり，なわを回しやすい

なわをかかとの後ろに止めて，準備をする

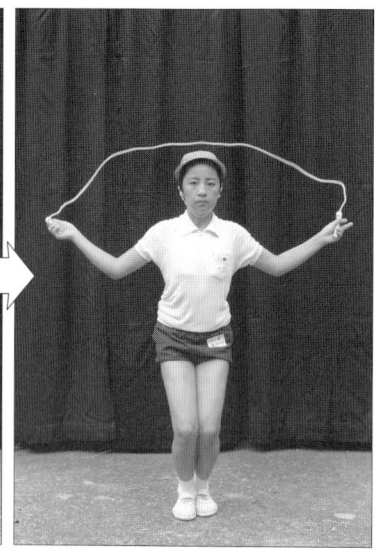

肩，肘を使ってなわを回し始める。このとき膝を曲げ，1回目の跳躍の準備をする

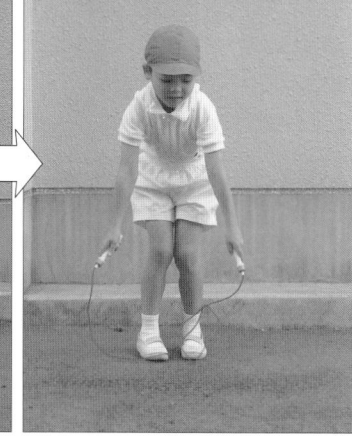

つまずく動き

足の前でなわが止まってしまい，足の下を通せない

なわ回しと跳躍が合わない

14

なわを1回旋する間に2回跳躍するとび方。「おやすみとび」は子どもの運動言葉で，各地域，学校によってそれぞれの呼び名があるかもしれない。
　なわ回しが遅い，なわの回旋と跳躍が同調しないという場合に，おやすみとびで練習するとよい。また，1本のなわの中で2人がとぶという場合にも，2人の動きを合わせやすいとび方である。

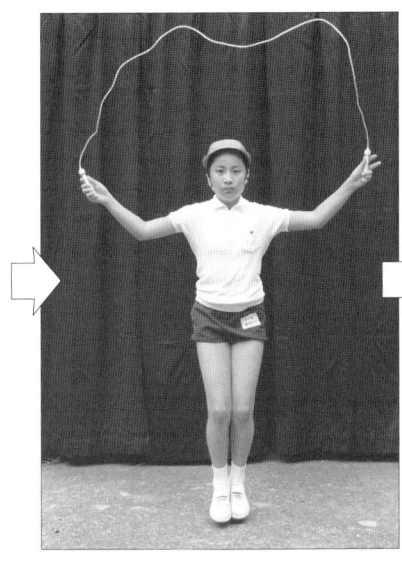

なわが頭上にきたタイミングで軽く1回目の跳躍（予備跳躍）を行い，本番の跳躍のためのリズムをつくる

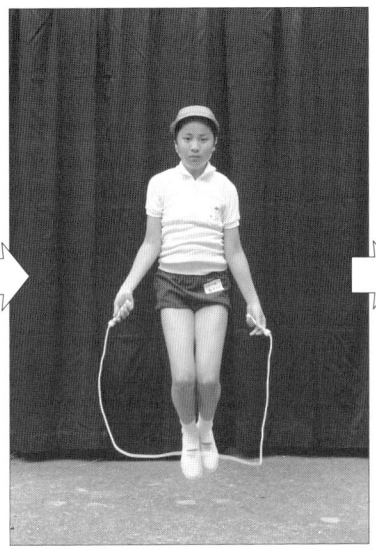

なわが足の下を通るのに合わせて大きな跳躍をする。膝も曲げて足の下の空間を大きくする

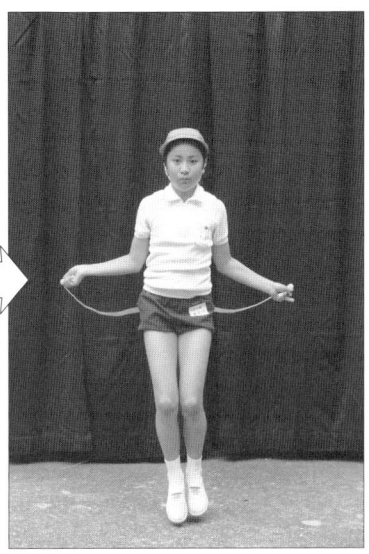

次の予備跳躍に備える

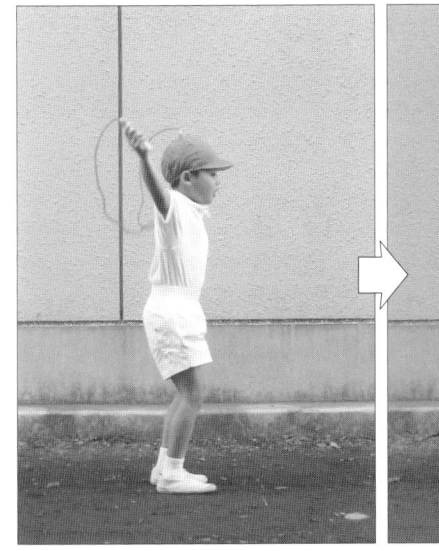

指導のポイント

短なわとびを始めたばかりの頃は，足の前でなわを止めて，前方向へ跳躍をしてなわをとびこすという方法でもよい

1-2 いろいろなとび方

前回しとび（1回旋1跳躍）

低

運動のポイント

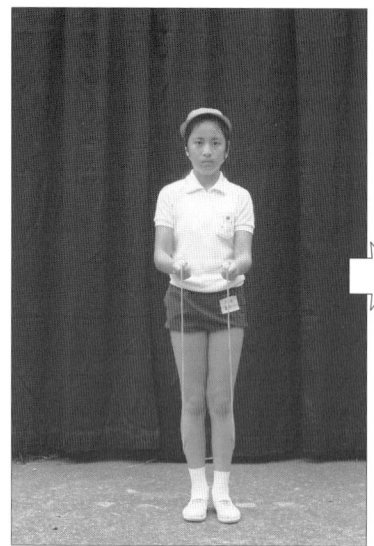

なわをかかとの後ろに止めて，準備をする

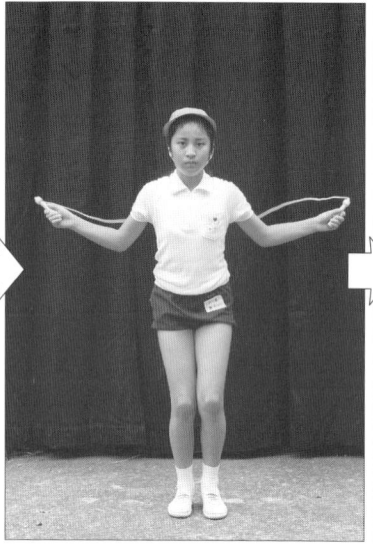

なわを上に回し始める。同時に跳躍の準備のため，膝を曲げていく

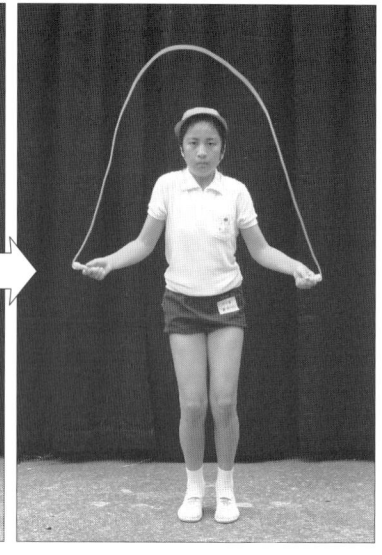

頭の上をなわがこえたら膝を伸ばして跳躍を始める

つまずく動き

肩から大きく腕を回してしまう

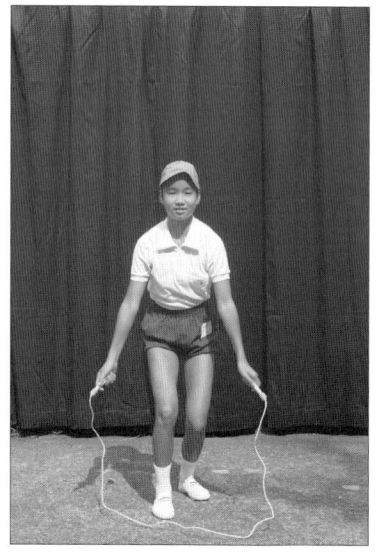

なわが足の前で止まってしまうまたは勢いがなくなってしまう

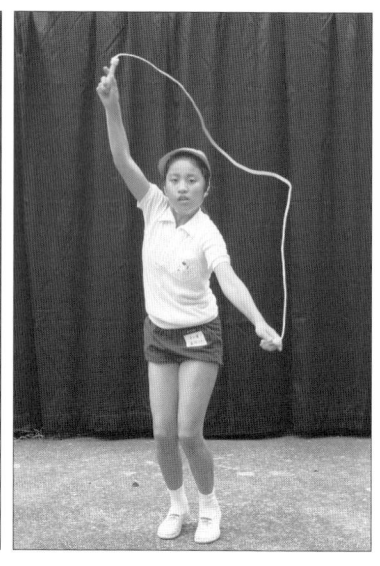

左右のなわ回しが合わない

なわを1回旋する間に、1回だけとぶのが1回旋1跳躍である。おやすみとびでなわの回旋と跳躍を同調できるようになったら、1回旋1跳躍へと進みたい。

最も基本的なとび方であり、練習量を多くしてスムーズにとべるようにしておきたいとび方である。

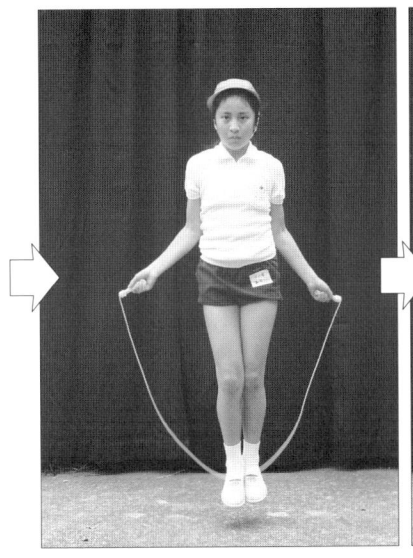

膝を伸ばし、つま先で軽くとぶ

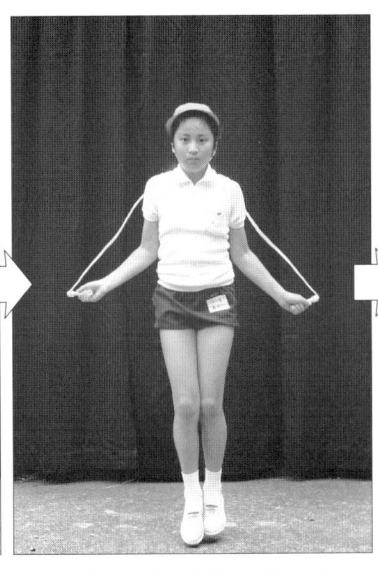

しっかりなわを回して足の下を通過させる。通過したらつま先から着地する

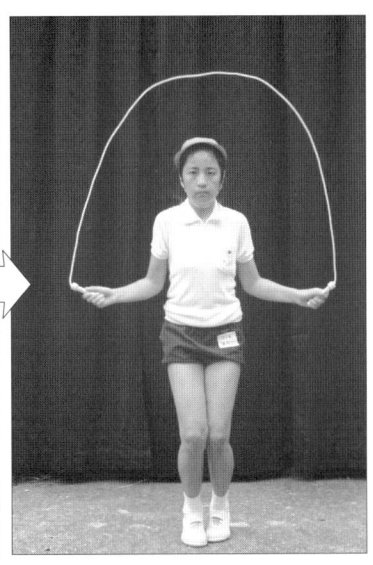

手首の回転を継続して次の回旋へつなげる。膝も軽く曲げておく

指導のポイント

片手に両方のグリップを握り、なわを回す左右の手で体と平行に回せるように練習する

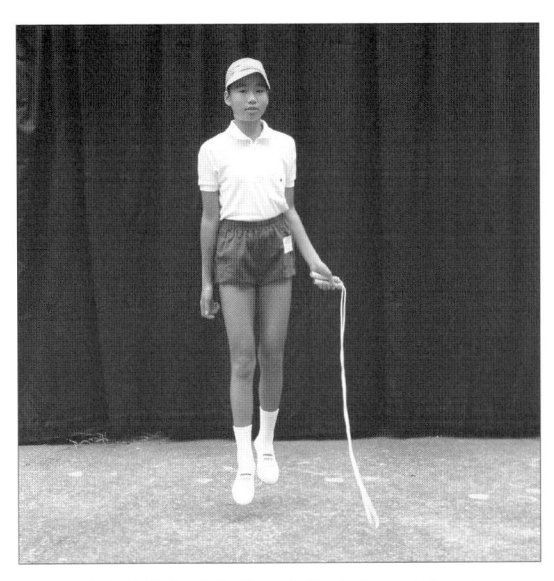

なわ回しに合わせて小さくジャンプしてみる。切れたなわを両手に持ってもよい

1-2 いろいろなとび方

30秒とび

低

運動のポイント

2人組で，1人が腰を下ろし，もう1人がとぶ準備をする

開始の合図から30秒間，前回しで，できるだけ速くとぶ

数を数える子は声は出さず，10ごとに指で回数を示す

指導のポイント

背筋を伸ばした姿勢でとぶ。あごは少し引いて。あごを引きすぎると帽子が前に落ちてくることがあるので注意する

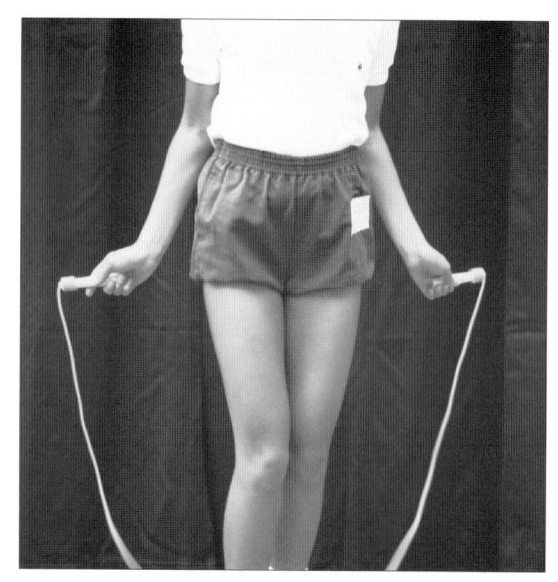

肘を体の脇につけ，手首でなわを回すようにする

18

前回しをできるだけ速くとぶことで，なわ回しの技能と，なわ回しと跳躍の協調性を高めていく。前回しができる子も，習熟すると数値が上がってくるので意欲を継続することができる。
　引っ掛かってもその続きから数える「足し算」で数えることとする。

つまずく動き・つまずく数え方

速くとぼうとして前かがみになってしまう

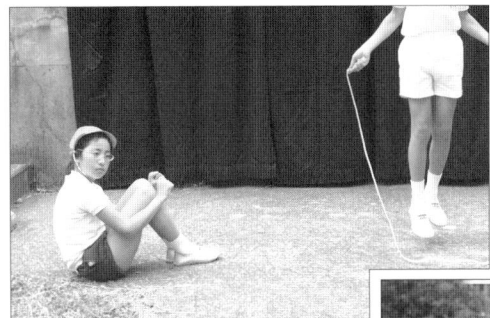

よそ見をして数えられない

声を出して数えてしまい，数えるのが遅れてしまう

つま先で跳躍・着地をする

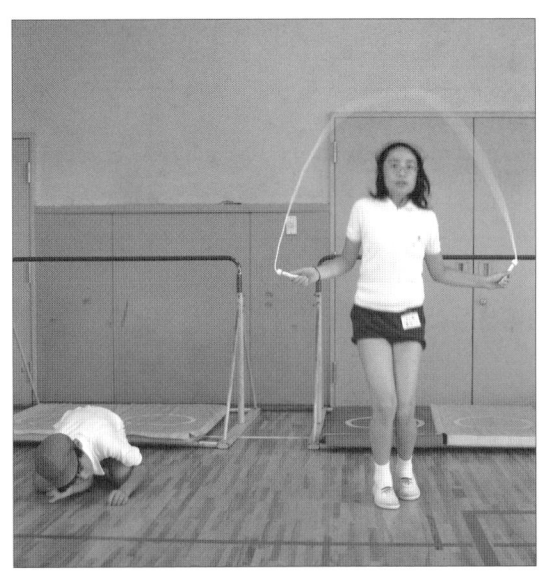

跳躍・着地が上手になってくると足音が小さくなるので聞いてみるとよい

1-2 いろいろなとび方

後ろ回しとび

低

運動のポイント

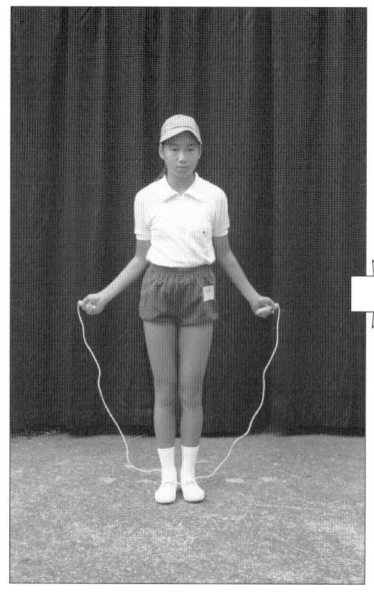

なわをつま先の前に止めて、準備をする

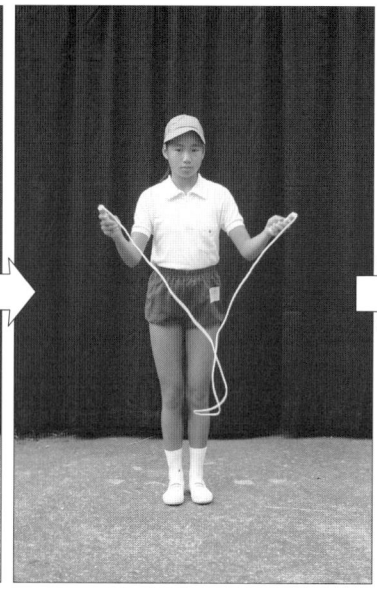

手首・腕の動きでなわを上に回し始める

頭の上をなわがこえたら跳躍の準備のため、膝を曲げていく

つまずく動き

肩から大きく腕を回してしまう

1回とんだ後、なわが足の前で止まってしまう。または勢いがなくなってしまう

左右のなわ回しが合わない

後ろ回しとびは，なわとび入門期の子どもにとってやさしいとび方ではない。体の後ろに回ったなわが見えないので，手の動きからなわの動きを予想して跳躍しなければならないからである。
　前回しとびと同様に，おやすみとびから練習を始めて，続けてとべるようになったら30秒とびも行う。前回しとびと並行して練習を進めるとよい。

膝を伸ばし，つま先で軽くとぶ	しっかりなわを回して足の下を通過させる。通過したらつま先から着地する	手首の回転を継続して次の回旋へつなげる。膝も軽く曲げておく

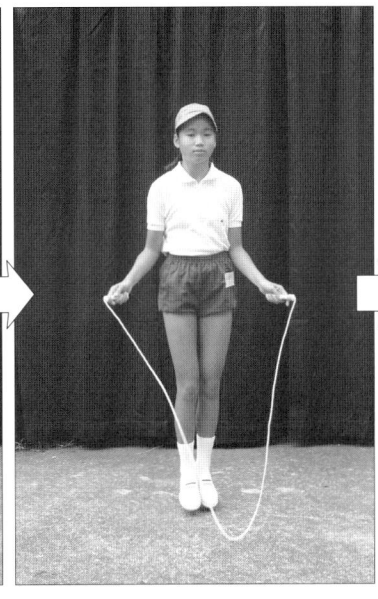

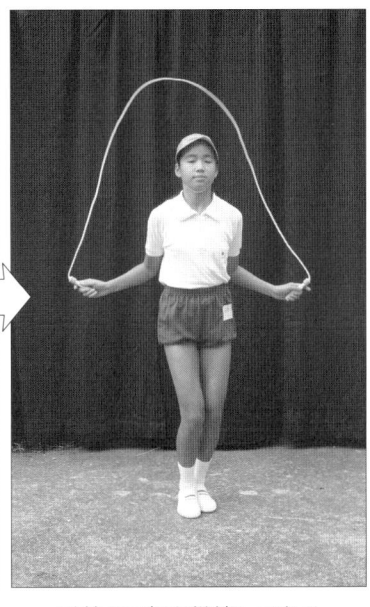

指導のポイント

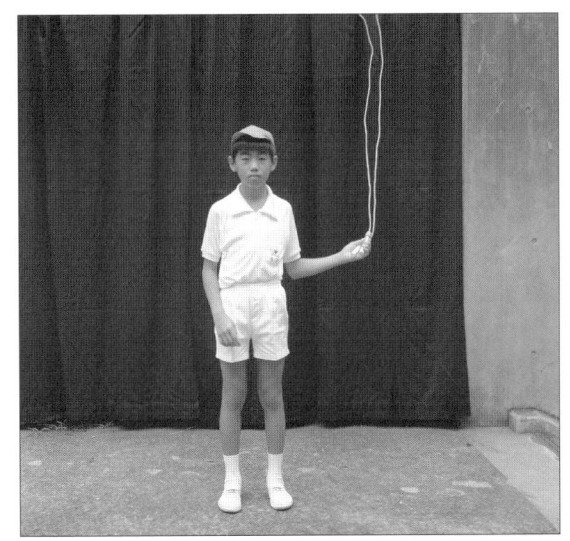

片手に両方のグリップを握りなわを回す。左右の手で体と平行に回せるように練習する	なわ回しに合わせて小さくジャンプしてみる。切れたなわを両手に持ってもよい

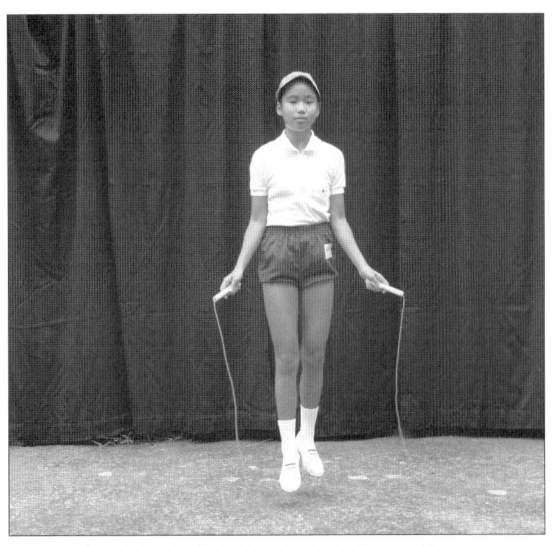

1-2 いろいろなとび方
あやとび
低

運動のポイント

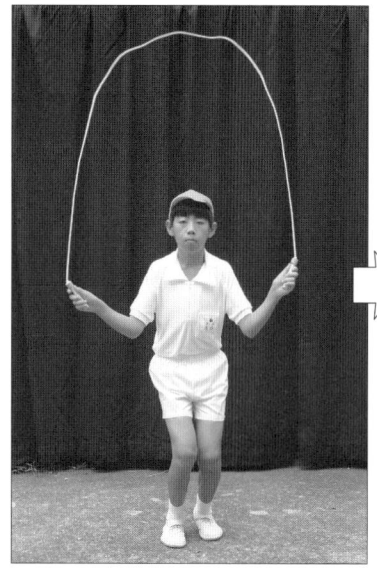

やややゆっくりめのリズムで前回しとびを始め，腕を交差させる準備をする

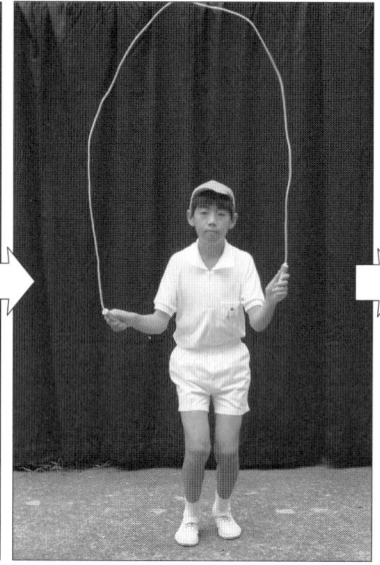

なわが頭の上をこえたら腕交差を始める

腕を大きく交差させてなわをとぶ。目安は手首が体側から出るくらい

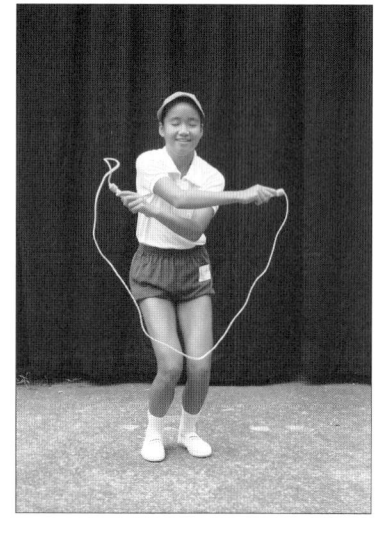

つまずく動き

腕を交差する位置が高すぎてしまう

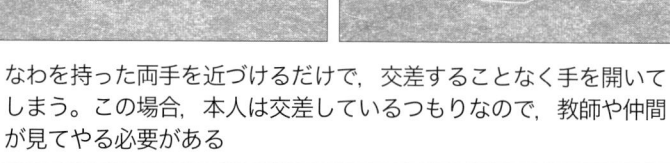

なわを持った両手を近づけるだけで，交差することなく手を開いてしまう。この場合，本人は交差しているつもりなので，教師や仲間が見てやる必要がある

あやとびは，前回しとびと交差とびを交互に行うとび方である。手の動きは，体の前で8の字を描くようになる。練習初期の子の中には，交差させないうちに前回しとびへと手を広げてしまう子もいるので，教師が見てやったり，子どもどうし見合わせることが必要になる。

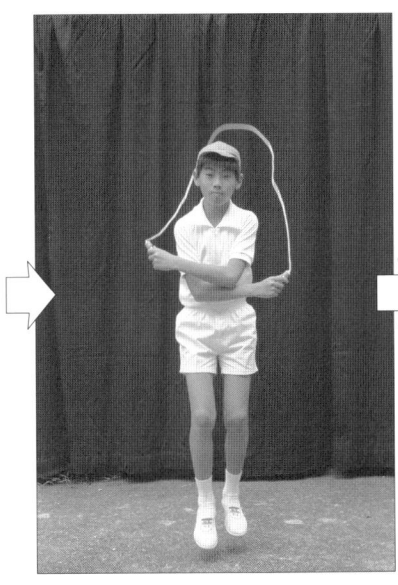

腕交差のまま，手首の動きでなわを頭の上まで回す

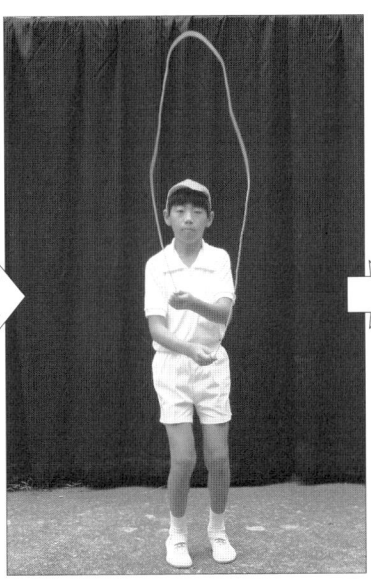

なわが頭の上をこえたら腕を開いていく

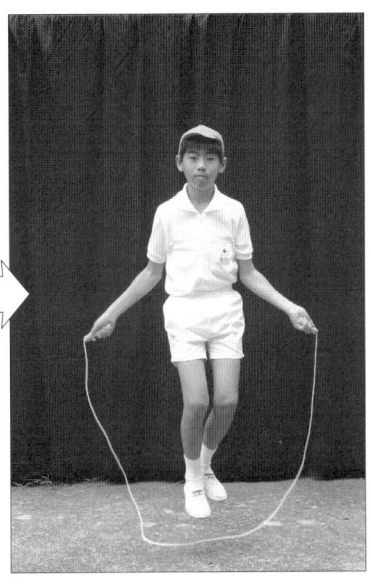

両手を広げて前回しとびをする。同時に次の交差の準備へ入っていく

指導のポイント

腕交差の高さはへその前くらいを意識させる。高すぎると引っ掛かりやすい

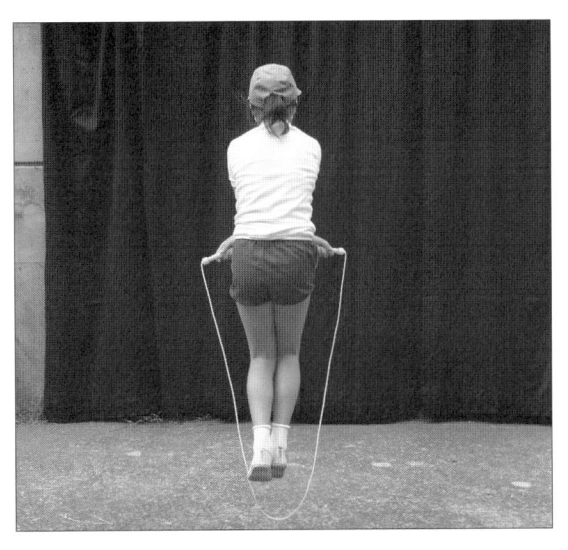

後ろから見て手首が体側から出るくらい，大きく交差する

1-2 いろいろなとび方
交差とび

低

運動のポイント

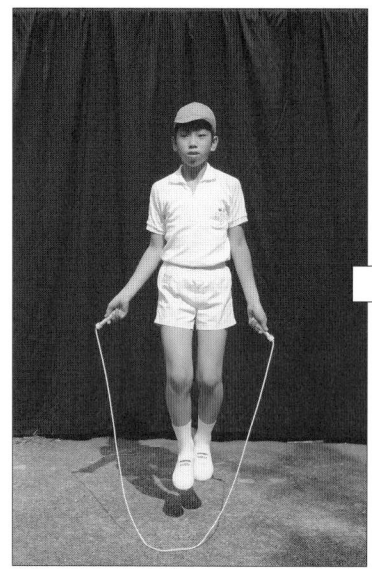

前回しとびを数回行い，なわの勢いをつけ，リズムをつくる

なわが頭の上をこえたら腕交差を始める

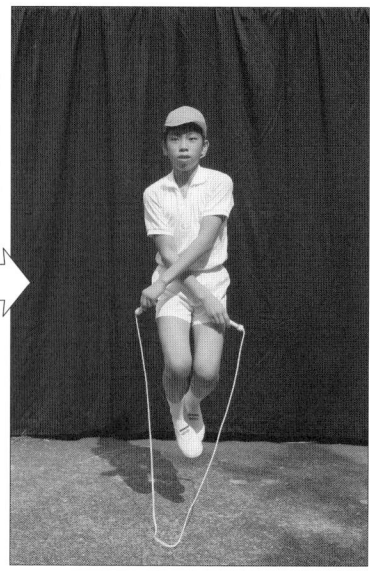

腕を交差したままなわをとびこす

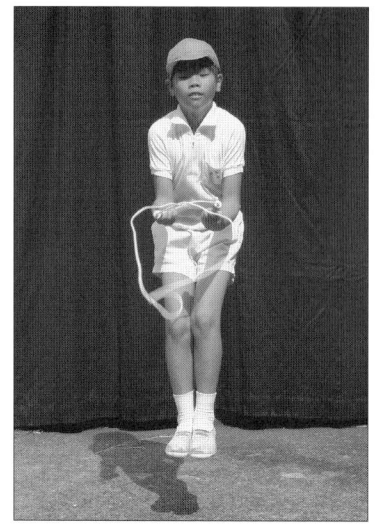

つまずく動き

1回目の腕交差ができず，手を開いてしまう

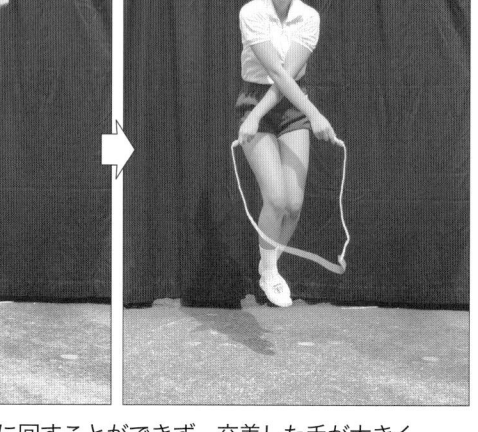

手首でなわを上手に回すことができず，交差した手が大きく上下に動いてしまう。跳躍もバタバタと大きな足音になることが多い

交差とびは，腕を交差したままなわを回すとび方で，肘をある程度固定したまま，手首でなわを回さなければならない。その手首の動きは，後ろ回しと同じ動きなので，前回しと後ろ回しの練習を同時に進めておくことが大切となる。

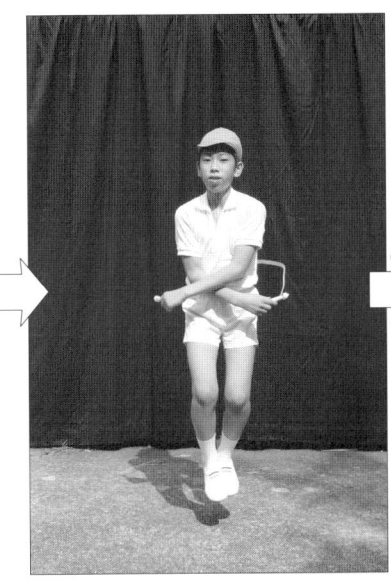

手首の動きでなわを後ろから上方向に回す

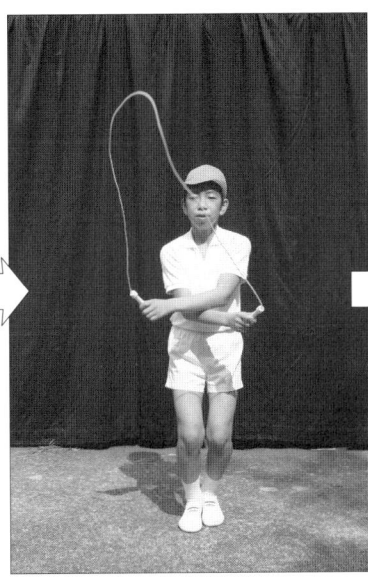

グリップを立てるようにして手首を返して，なわを前方向に回す

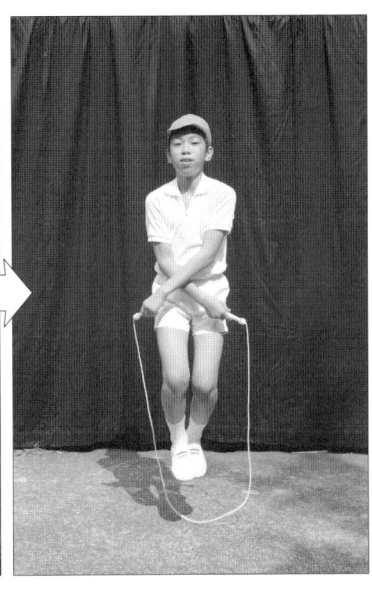

大きな腕交差のまま，2回目以降の跳躍を続ける

指導のポイント

片手になわを持って，腕交差でなわを回す練習をする。左右別々に練習したら，なわを2本使って両手同時に練習するのもよい

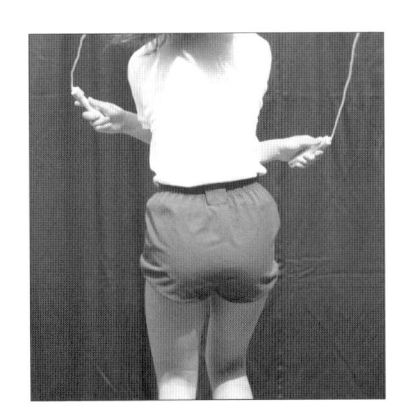

後ろから見て手首が体側から出るくらい，大きく腕を交差する

1-2 いろいろなとび方

後ろあやとび

低・中

運動のポイント

やややゆっくりめのリズムで後ろ回しとびを始め、腕を交差させる準備をする

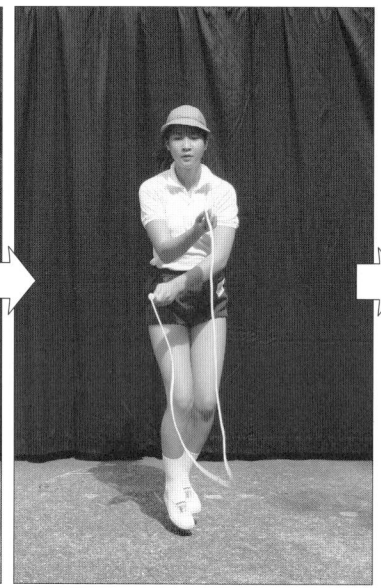

なわをとびこえたら両腕を交差させる

腕を大きく交差させてなわを回す。目安は体側から手首が出るくらい

つまずく動き

なわをとびこすときの、腕交差の位置が高すぎてしまう

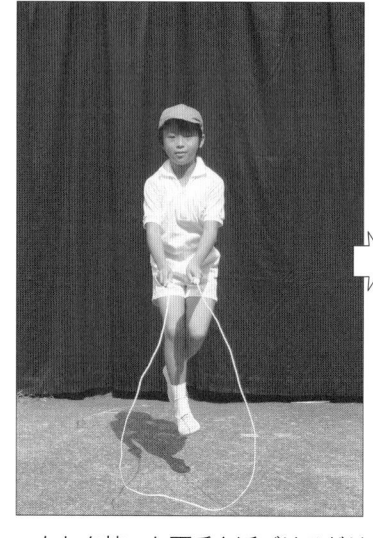

なわを持った両手を近づけるだけで、交差することなく手を開いてしまう。この場合、本人は交差しているつもりなので、教師や仲間が見てやる必要がある

後ろあやとびは，後ろ回しとびと後ろ交差とびを交互に行うとび方である。手の動きは，体の前で8の字を描くようになる。練習初期の子の中には，交差させないうちに後ろ回しとびへと手を広げてしまう子もいるので，教師が見てやったり，子どもどうし見合わせることが必要になる。また，後ろから回ってくるなわをとびこすため，初めは苦手と感じる子が多い。

| 腕交差のまま，なわをとびこす | なわをとびこえたら腕を開いていく | 両手を広げて後ろ回しとびをする。同時に次の交差の準備へ入っていく |

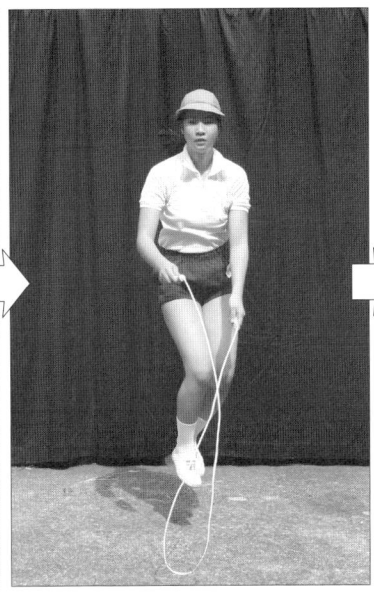

指導のポイント

| 腕交差の高さはへその前くらいを意識させる。高すぎると引っ掛かりやすい | 後ろから見て手首が体側から出るくらい，大きく交差する |

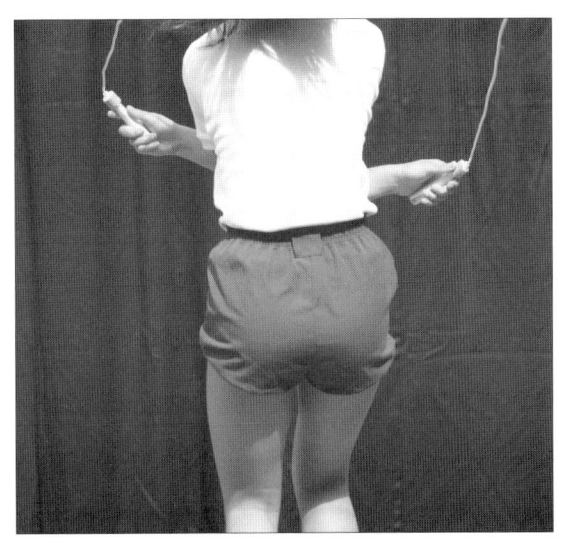

1-2 いろいろなとび方

後ろ交差とび

低・中

運動のポイント

ややゆっくりめのリズムで後ろ回しとびを始め、腕を交差させる準備をする

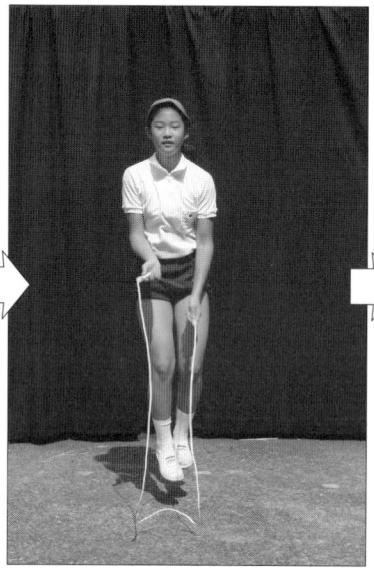

なわをとびこしたら、腕交差を始める

なわをとんでから上に回していくときも腕を大きく回さず、手首で回し続ける

つまずく動き

腕を交差する位置が高すぎてしまう。とんだ後、なわを上方向に回すときに注意する

足の下になわを通すことを意識しすぎて、腕が体から離れてしまう

他のとび方よりも跳躍が大きくなってしまい、リズムが続かない

腕を交差したままの後ろ回しとなる。手首の動きは後ろ回しと同じだが，腕を交差しているため肘の動きが制限され手首でなわを回さなければならない。

肘の動きが大きくなり，交差した腕が体から離れると失敗しやすくなるので注意させる。

腕交差のまま，後ろ方向になわを回す

とぶときに，体から腕が離れないように気をつけて回す

上方向になわを回すときに，腕が上がりすぎないように気をつけて，回転を続ける

指導のポイント

なわを片手に持って，腕を交差して回す練習をする。左右差が出ることが多いので，苦手な方もしっかり練習する。体に平行に回すようにする

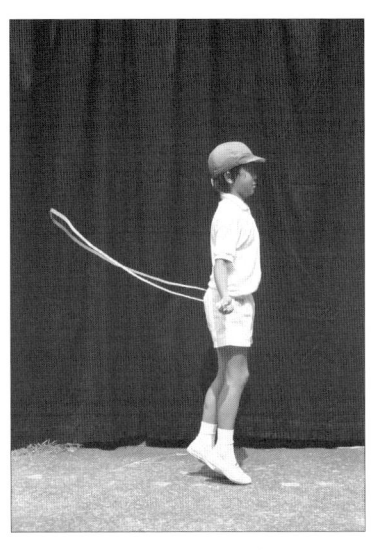

後ろ回しとびで，体の後ろからくるなわをとぶことに慣れる

29

1-2 いろいろなとび方

サイドクロス

中・高

運動のポイント

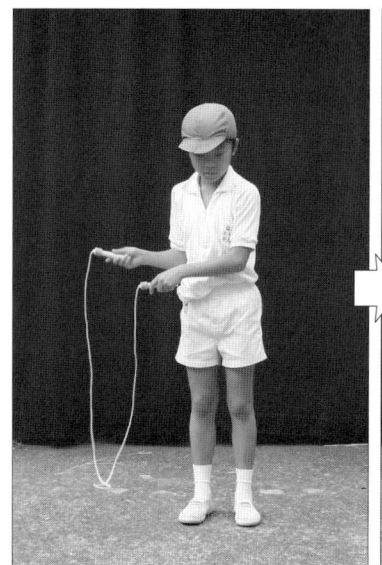

なわを体の脇の床に，左右交互に打ちつけ，リズムをつくる

右側になわを打ちつけた後，右腕を上にして腕を交差する

腕交差のままなわをとびこす

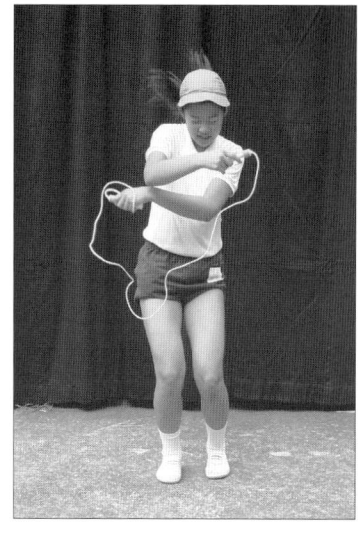

つまずく動き

なわを地面に打ちつけた後，腕交差でなわをとびこせない

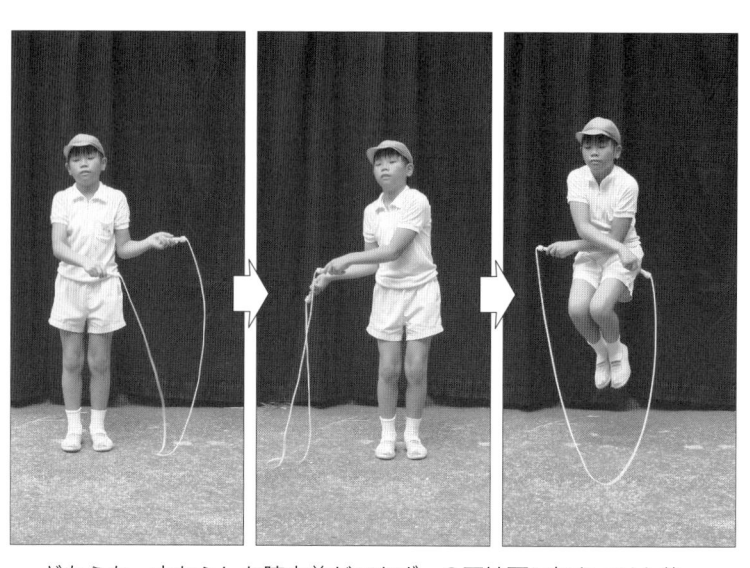

どちらか一方からしか腕交差ができず，片一方からしか腕交差でとべない

2回地面に打ちつけた後，片一方からしか腕交差でとべない

体の脇（サイド）でなわを床に打ちつけてから，交差とびを行う。側振とびとも呼ばれ，左右交互に繰り返される動きはリズミカルで見ていても楽しい。

反対（左側）の地面になわを打ちつける

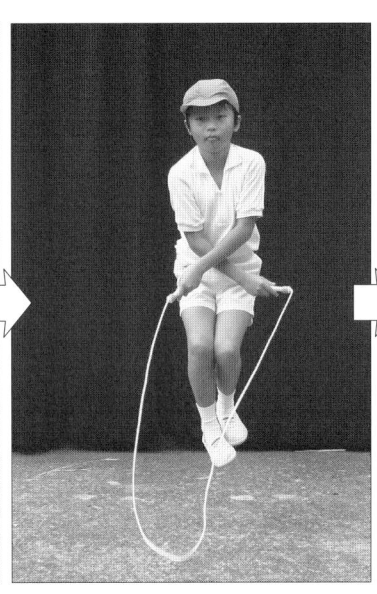

左腕を上にして腕を交差し，なわをとびこす

右側になわを打ちつける準備をして次の回旋につなげる

指導のポイント

右側に打ちつけた場合，右腕の肘，手首を大きく使って交差する

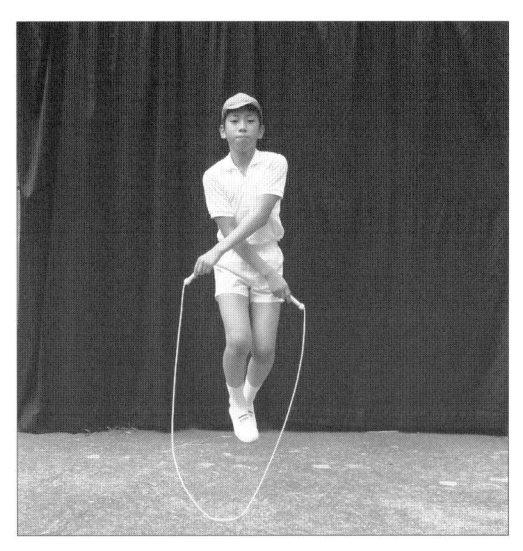

苦手な方の腕交差で交差とび，あやとびを練習する

1-2 いろいろなとび方

後ろサイドクロス

中・高

運動のポイント

なわを体の脇の地面に，左右交互に打ちつけ，リズムをつくる

左右とも，体となわが平行になるように回せるとよい

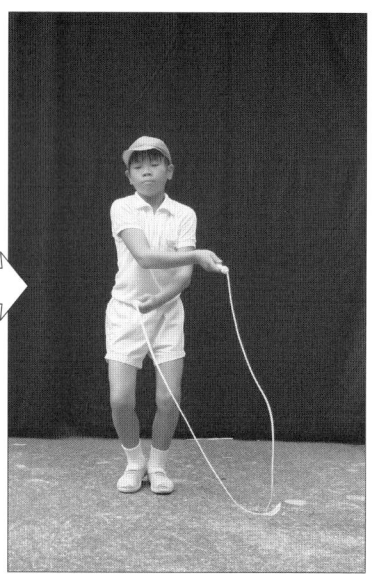

左側の地面になわを打ちつけた後，左腕を下から回して腕交差を始める

つまずく動き

左右の地面に打ちつける8の字のなわの動きが安定しない

腕交差でとぶときに，腕が体から離れてしまって引っ掛かりやすくなる

サイドクロス(P.30)となわの回旋方向の他に違うのは，腕交差をするときに，右側の地面に打ちつけた後は右腕が下になって交差する点である。

左右どちらの腕が上になっても交差できるようにしたい。

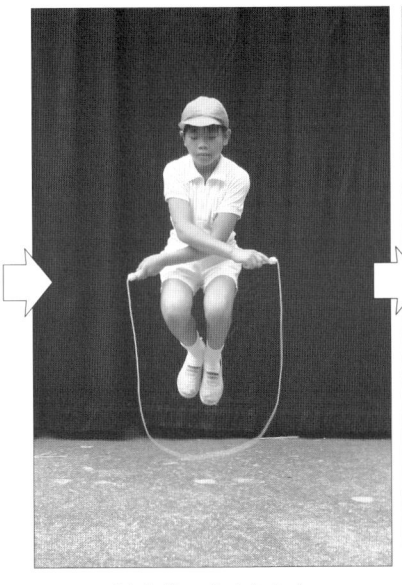

腕交差のままなわを
とびこす

反対（右側）の地面に
なわを打ちつける

右腕を下にして腕を交差し
なわをとびこす

指導のポイント

片手で後ろ回しの8の字回旋（p.12参照）を練習した後，もう一方の手を添えて同じように回してみる。左右両方の手で同じように練習する

右腕上，左腕上両方の腕交差で後ろ交差とび，後ろあやとびを練習する

33

1-2 いろいろなとび方
かえしとび

中・高

運動のポイント

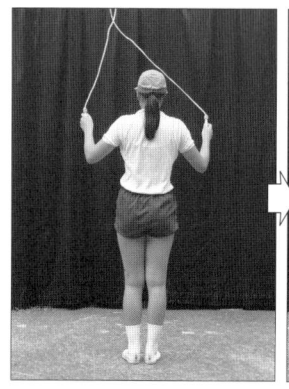

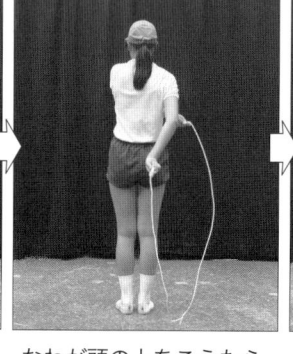

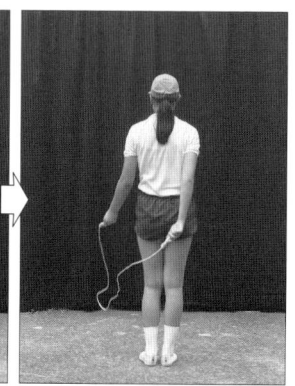

前回しを始める	なわが頭の上をこえたら右側になわを振り下ろし、脇の地面になわを打ちつける	右手を背中へ回し、手の甲を左腰につけ、左手首を上方向から前方向へかえしてなわを回転させる	なわの回転を止めないよう腕を開いて、次の回旋につなげる

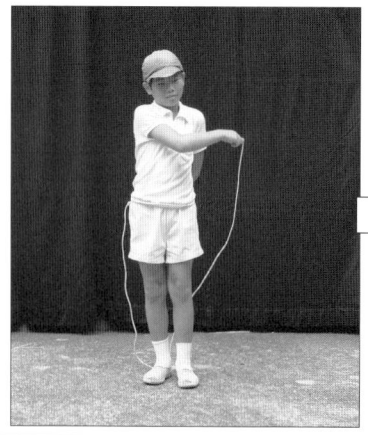

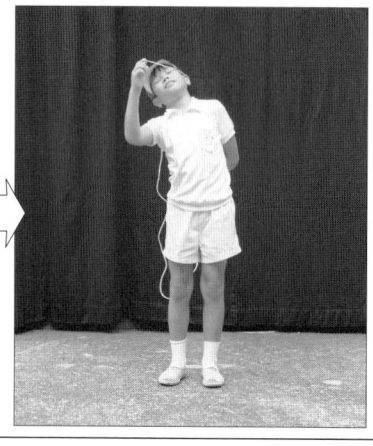

つまずく動き

頭の上をなわが通過する「かえし」の動作がうまくいかず、頭になわを引っ掛けてしまう。はじめはゆっくり大きくなわをかえすとよい

「かえしとび」という技名であるが，実はなわをとびこしていない。なわは足の下を通らず，体の脇を通過しているのである。まずなわの操作を覚えてできるようにする。なわ操作に習熟したら跳躍と脚の動作をつけていくこともできる。

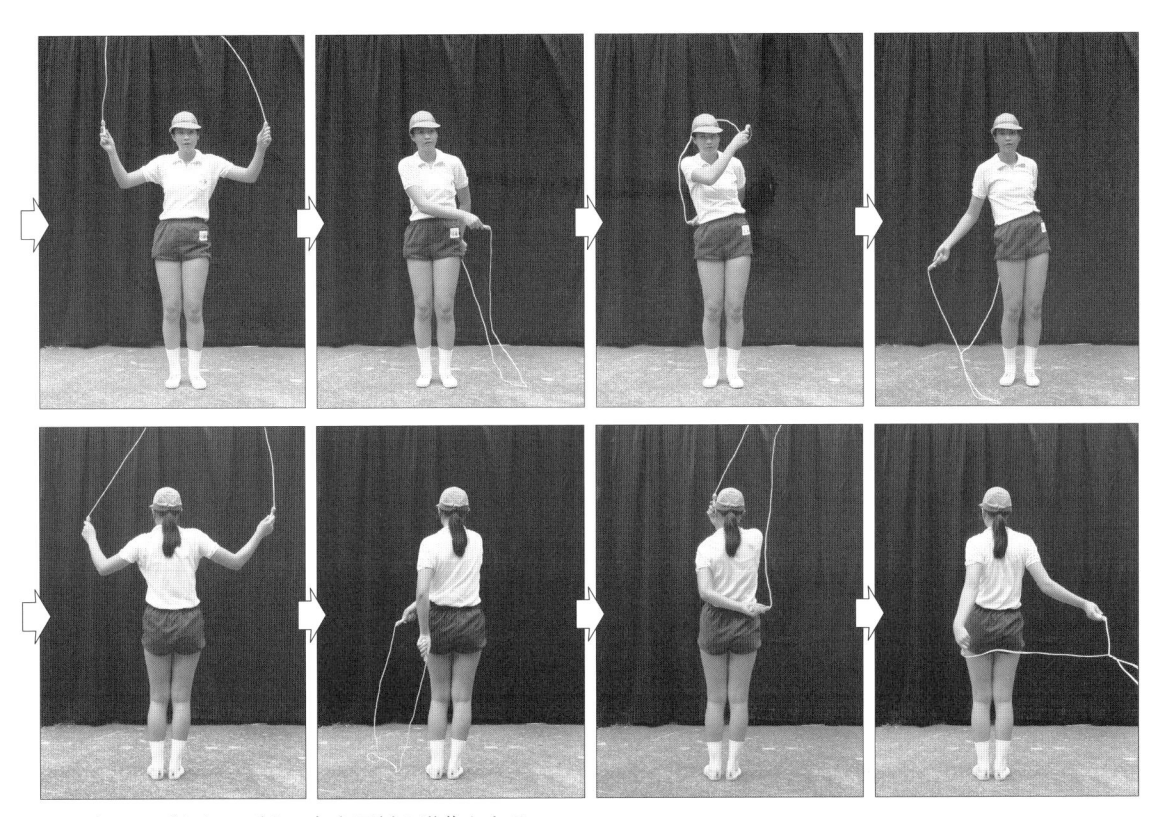

※左ページからつづき，左右反対の動作となる

指導のポイント 動作をイメージできる口伴奏を取り入れるとよい

「前回し」

「おじいさん」
おじいさんが腰に手を
当てているイメージ

「かえす」
肘，肩も使った大きい
動作でなわをかえす

腕を開いて前回しの
準備に戻る

35

1-2 いろいろなとび方
後ろかえしとび

中・高

運動のポイント

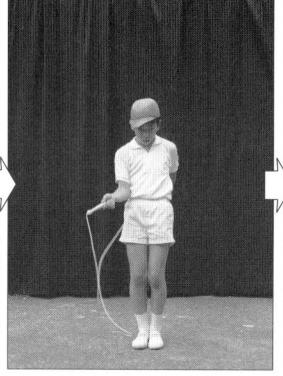

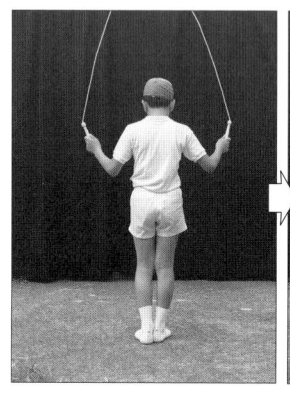

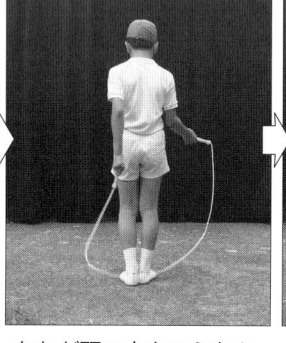

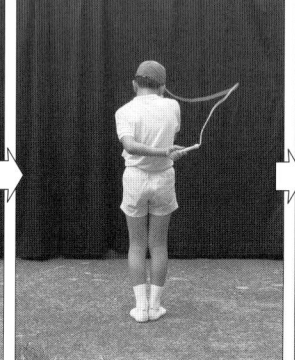

後ろ回しを始める	なわが頭の上をこえたら右側になわを振り下ろし、脇の地面になわを打ちつける	左手を背中へ回し、手の甲を右腰につけ、右手首を上方向から前方向へかえしてなわを回転させる	なわの回転を止めないよう腕を開いて、次の回旋につなげる

つまずく動き

かえしとびの前回しと同じ「かえし動作」をして、体になわが巻きつく。前回しのかえしは背泳ぎのような手の動き、後ろ回しのかえしはクロールのような手の動きと区別させる

36

前回しの「かえしとび」(p.34)と大きく違うのは，なわをかえす動作である。「手を体の反対側へ出した交差とびのような状態からなわをかえし，腕を広げる前回し」と，「腕を広げた状態から，手を体の反対側に出しながらなわをかえす後ろ回し」を区別して練習を進める。

※左ページからつづき，左右反対の動作となる

指導のポイント　動作をイメージできる口伴奏を取り入れるとよい

「後ろ回し」

「おじいさん」
おじいさんが腰に手を当てているイメージ

「かえす」
体の外側から内側への手の動きでなわをかえす

腕を開いて後ろ回しの準備に戻る

37

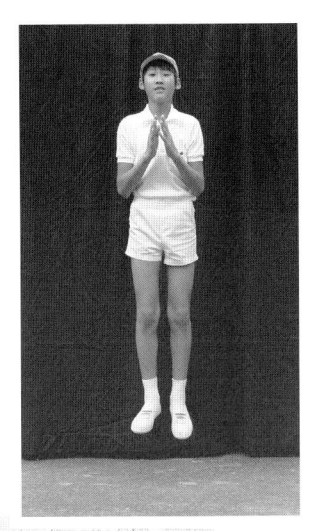

II. 短なわとび
〔二重回し系のとび方〕

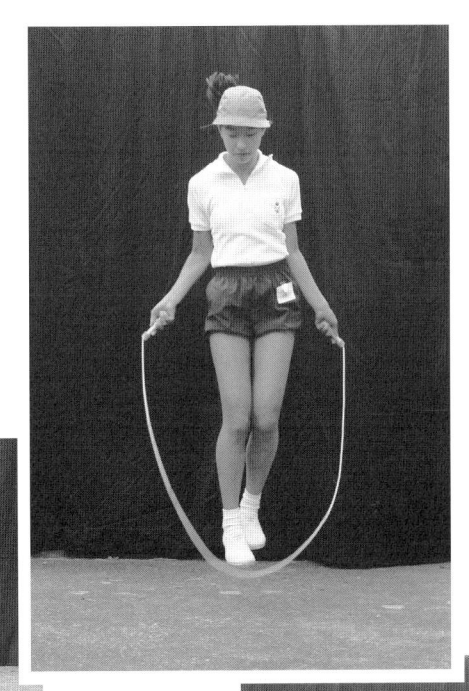

II 二重回し系のとび方
前二重回し

中・高

運動のポイント

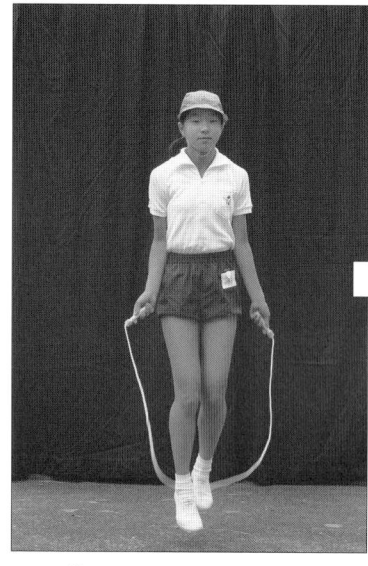

前回しとびで数回とんで調子を整える

やや膝を深く曲げて、1回目の二重回しの準備をする

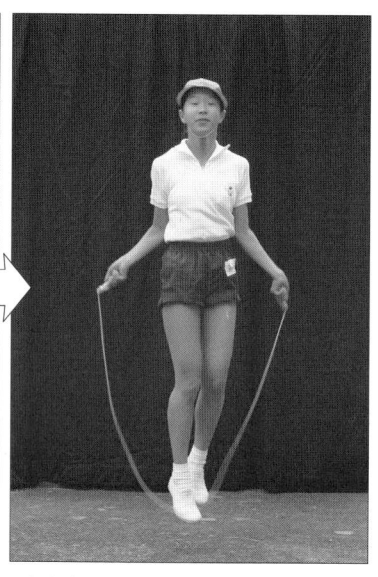

やや強く跳躍して、手首を使った、速いなわの回転を始める

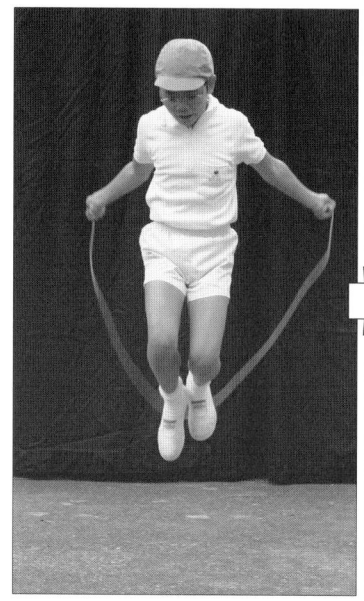

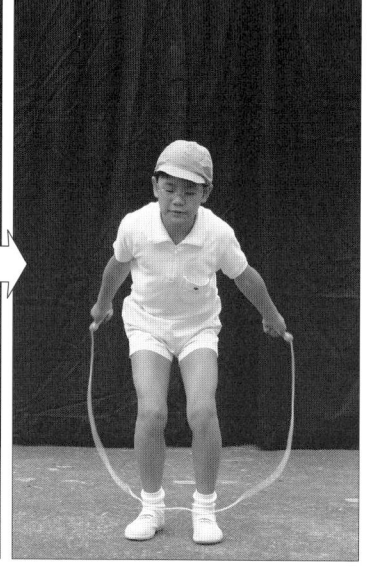

つまずく動き

2回旋目が弱く遅くなり、なわをとびこせない。または、同じリズムでなわを回して、跳躍と協調できない

かかととお尻を近づけるように膝を曲げてしまう

2回旋1跳躍となるとび方。速いなわ回しと、それを跳躍と協調させることが大切となる。
30秒とび(p.18)で70回程度とべるなわ回しのスピードが必要で、ジャンピングボードを使った練習も有効である。

膝と股関節を軽く曲げて滞空時間を長くする	なわ回しは2回旋目を強く速く回すように意識する	つま先から着地し、膝を軽く曲げて次の跳躍へつなげる

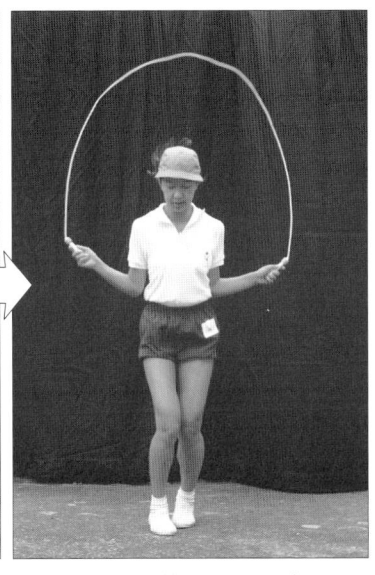

指導のポイント

腰抜け二重回し（1回だけでしゃがみ込む）→階段二重回し（二重回しの間に前回しとびを入れる）→連続二重回しと、段階を踏んで練習する	1跳躍の間に、手や腿を2回たたいてなわ回しのリズムを確認する	ジャンピングボードで跳躍を補いながら練習する

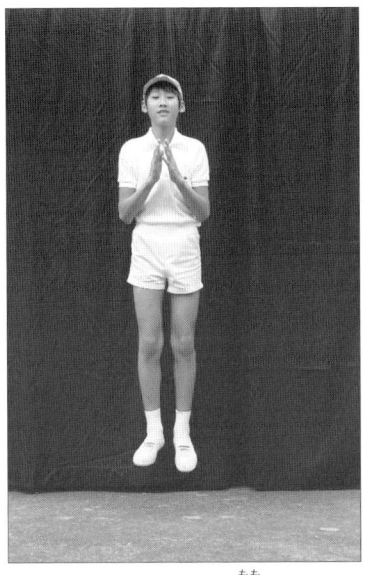

41

II 二重回し系のとび方

後ろ二重回し

中・高

運動のポイント

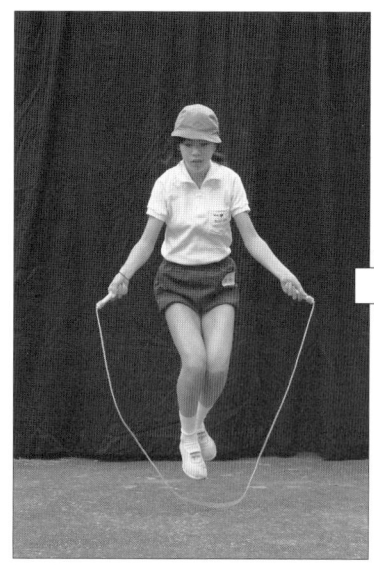

後ろ回しとびで数回とんで調子を整える

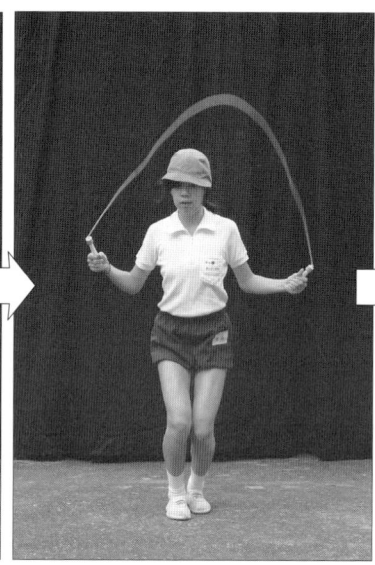

やや膝を深く曲げて，1回目の二重回しの準備をする

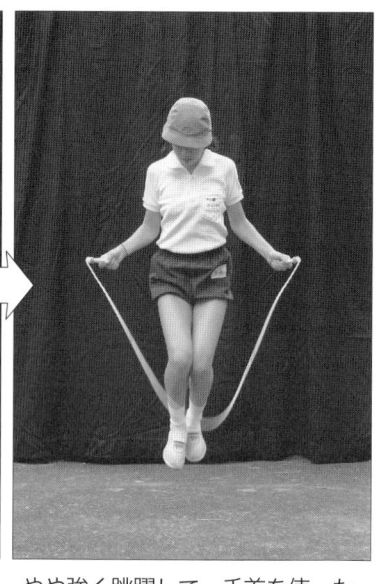

やや強く跳躍して，手首を使った，速いなわの回転を始める

つまずく動き

2回旋目が弱く遅くなり，なわをとびこせない

2回旋目の腕の動きが大きすぎてしまう

跳躍が低い，なわ回しが遅いなどの原因で着地の体勢がくずれる

2回旋1跳躍の後ろ回し。後ろ回しに慣れ，速いなわ回しができていることが必要になる。つまずきやポイントは前二重回しと重なる部分が多い。

膝と股関節を軽く曲げて滞空時間を長くする

なわ回しは2回旋目を強く速く，手首の動きで回すように意識する

つま先から着地し，膝を軽く曲げて次の跳躍へつなげる

指導のポイント

30秒とび(p.18)の練習を繰り返し，後ろ回しのはや回しに慣れる。手の位置を腰よりやや後ろにするとよい

後ろ二重回し
腰抜け二重回し（1回だけでしゃがみ込む）→階段二重回し（二重回しの間に後ろ回しとびを入れる）→連続二重回しと，段階を踏んで練習する（写真は階段後ろ二重回し）

後ろ回し

II 二重回し系のとび方

はやぶさ（あや二重回し）

中・高

運動のポイント

前回しから二重回しを2〜3回とんで調子を整える

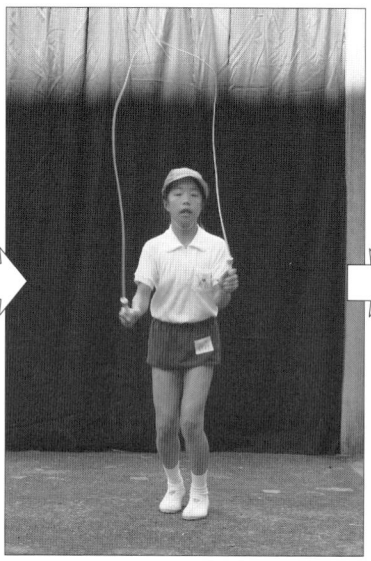

やや大きく跳躍して，ふつう回しを始める

手首を使った速いなわ回しで，跳躍の前半のうちに足の下を通過させる

■回し方の順序のバリエーション■

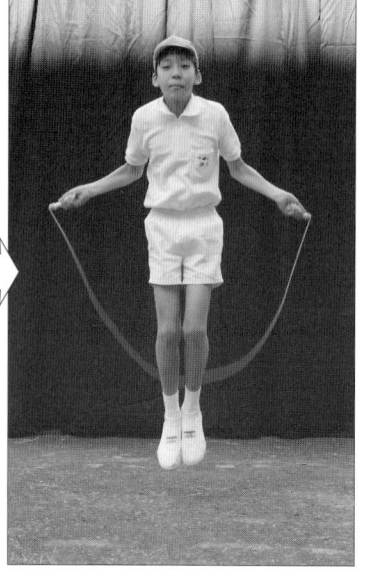

上段の連続写真では，〈ふつう回し→交差〉という順序でなわを回しているが，〈交差→ふつう回し〉という回し方でもよい

つまずく動き

腕交差が遅かったり，小さかったりして，なわに引っ掛かってしまう

44

二重回しのリズムで，1跳躍の間にあやとびを行う。あやとびは〈交差→ふつう〉と〈ふつう→交差〉があるが，やりやすい方でよい。

二重回し系の技は，ジャンピングボードで跳躍を補って練習するとたいへん効果的である。

腕を交差させて，なわを床にぶつけるようにして2回旋目のなわ回しをする

手首の動きで足の下を通し，手を広げ始める

つま先から着地し，膝を軽く曲げて次の跳躍へつなげる

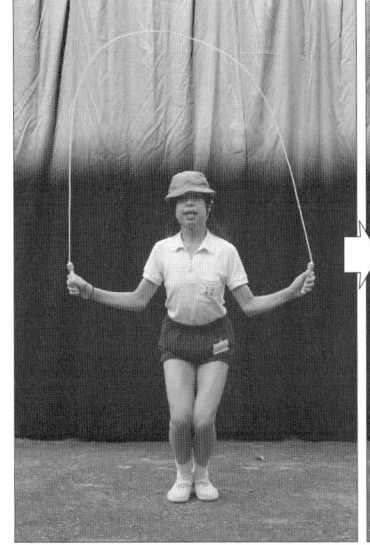

指導のポイント

二重回しがゆっくりとしたリズムでとべるように練習する

ジャンピングボードで跳躍を補って練習する

II 二重回し系のとび方

後ろはやぶさ（後ろあや二重回し）

中・高

運動のポイント

後ろ回しから二重回しを2〜3回とんで調子を整える

膝を曲げて大きな跳躍の準備をする

速いなわ回しで跳躍の前半のうちに足の下を通過させる

■回し方の順序のバリエーション■

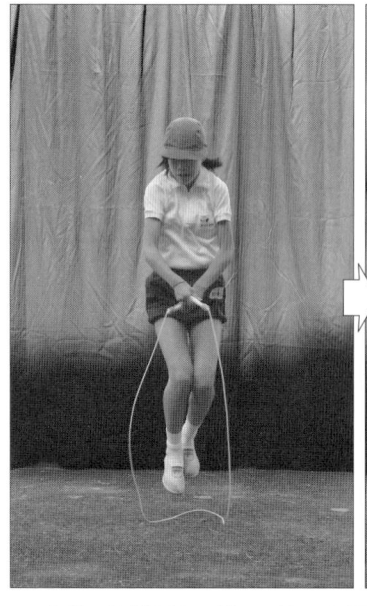

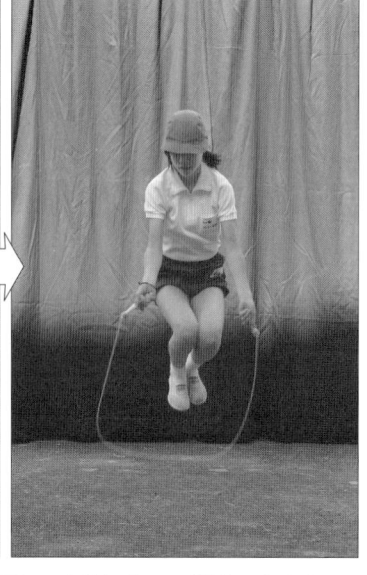

上段の連続写真では、〈ふつう回し→交差〉という順序でなわを回しているが、〈交差→ふつう回し〉という回し方でもよい

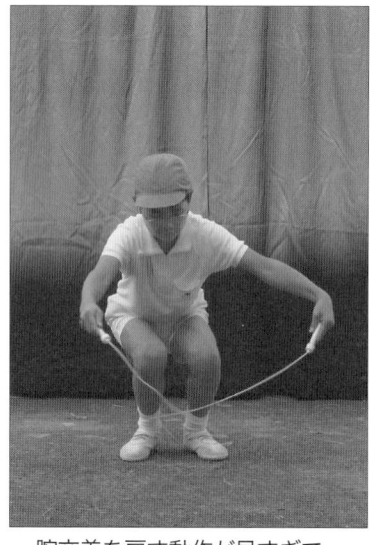

つまずく動き

腕交差を戻す動作が早すぎて、なわが脚に巻き付くように引っ掛かる

46

前回しのはやぶさと同じように、〈交差→ふつう〉と〈ふつう→交差〉があるが、やりやすい方でよい。交差の腕が体から離れすぎると、失敗しやすい。後ろ二重回し、後ろあやとびの十分な練習が大切になる。

腕を交差して2回旋目のなわ回しをする

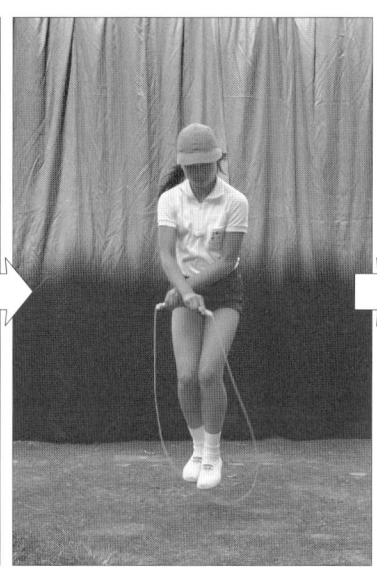

手首の動きで足の下を通し、腕を開き始める

つま先から着地し、膝を軽く曲げて次の跳躍へつなげる

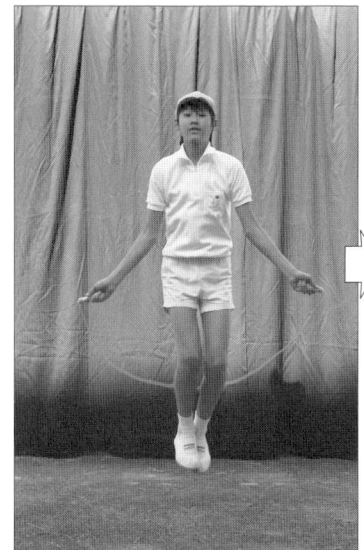

指導のポイント

速いリズムの後ろあやとびで、腕の動きを練習する

はじめは腰抜けとび(p.43)で練習する

II 二重回し系のとび方
交差二重回し

中・高

運動のポイント

前回しから二重回しを2〜3回とんで調子を整える

やや大きく跳躍して、腕を交差させて1回目の回旋を行う

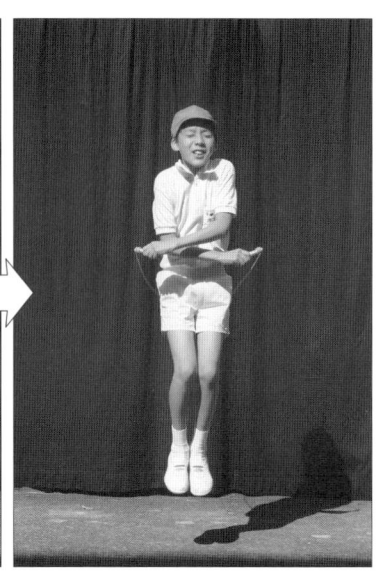

跳躍の前半で1回旋目を終わらせたい

つまずく動き

2回旋目、あるいは2回目の跳躍以降、なわの勢いがおとろえて、引っ掛かってしまう

腕の動きが大きすぎて、なわの回旋が間に合わなくなってしまう

1跳躍の間に，腕交差のままなわを2回旋する。腕交差をしているため，なわが回しにくく，はやぶさよりも難易度が高い。

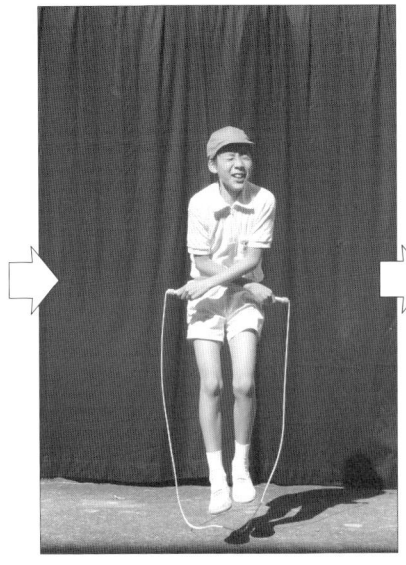

腕交差のまま，手首の動きで2回旋目のなわ回しをする

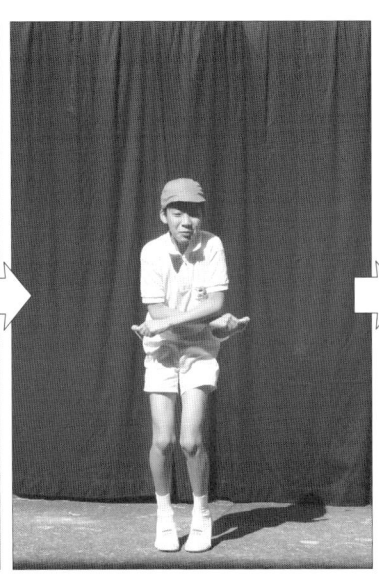

2回目以降は，腕交差のままなので手首の動きがより重要になる

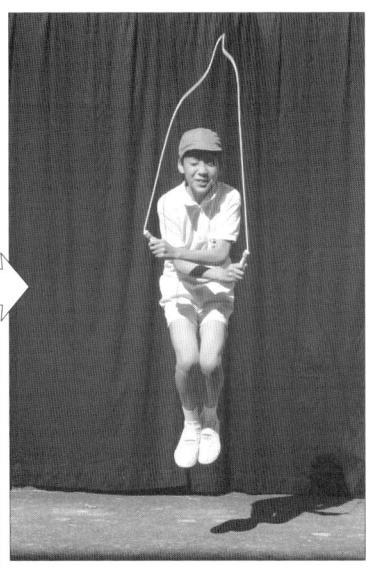

体を少し丸めるようにすると続けやすい

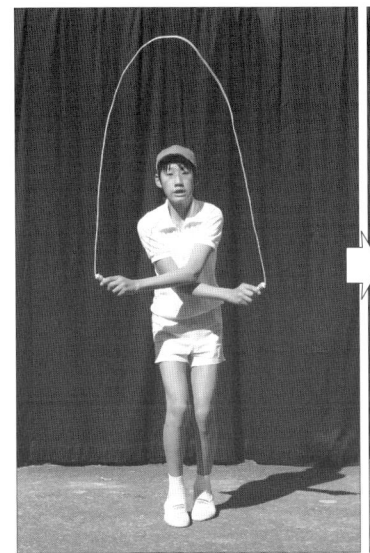

指導のポイント

速いリズムの交差とびで，手首の動きだけで速く回せるように練習する

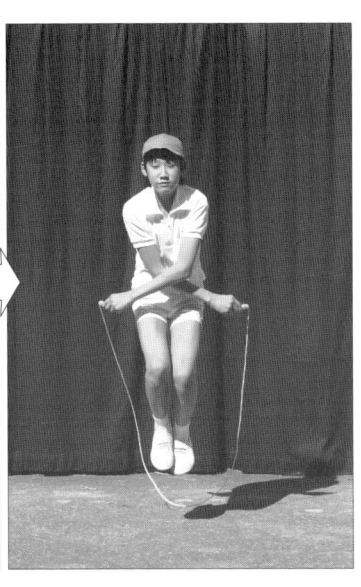

ジャンピングボードで，跳躍を補うと，手首の動きに集中できる

49

II 二重回し系のとび方
後ろ交差二重回し

中・高

運動のポイント

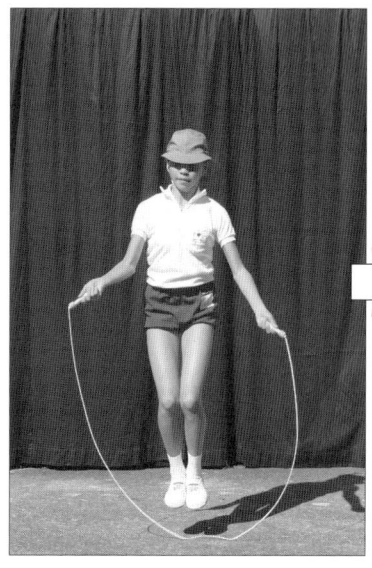

後ろ回しから二重回しを2〜3回とんで調子を整える

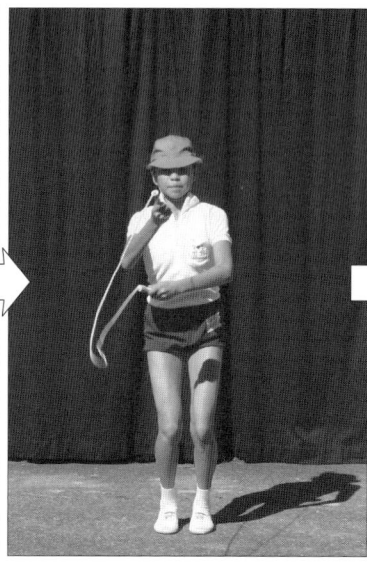

やや大きく跳躍して，腕を交差させて1回目の回旋を行う

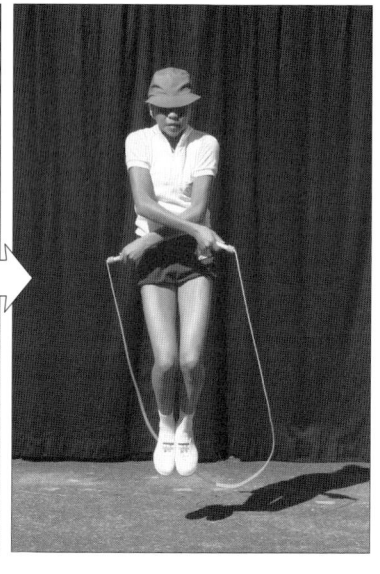

足の下をなわが通過するときに，腕が体から離れないようになわ回しを行う

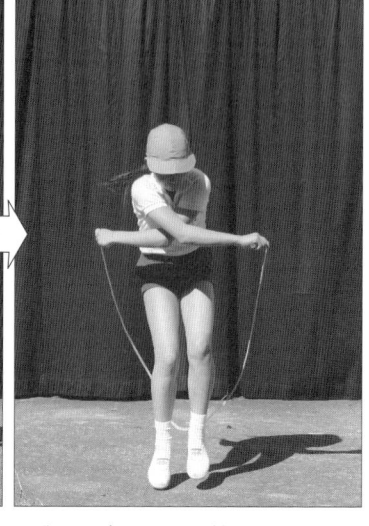

つまずく動き

2回旋目，あるいは2回目の跳躍以降，なわの勢いがおとろえて，引っ掛かってしまう

体から腕が離れてしまい，引っ掛かってしまう

腕交差で後ろ回しの回旋を速く行うのが難しい。二重回し系では最も難しい技になる。後ろ二重回しと後ろ交差とびに十分慣れてから，ジャンピングボードで練習を始めるのがよいだろう。

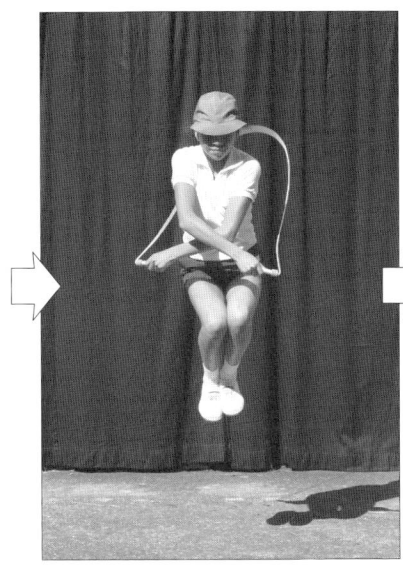

腕交差のまま，手首の動きで2回旋目のなわ回しをする

腕交差の速いなわ回しは，体から腕が離れないように気をつけて回すとよい

体を少し丸めるようにすると続けやすい

指導のポイント

速いリズムの交差とびで，手首の動きだけで速く回せるように練習する

ジャンピングボードで，跳躍を補うと，手首の動きに集中できる

II 二重回し系のとび方
サイドクロス二重

中・高

運動のポイント

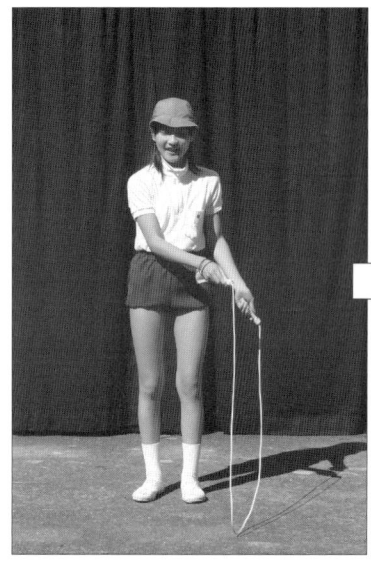

なわを体の脇の床に，左右交互に打ちつけリズムをつくる

右側の床になわを打ちつけるのと同時に，大きめの跳躍をする

右腕を上にして交差し，なわをとびこす

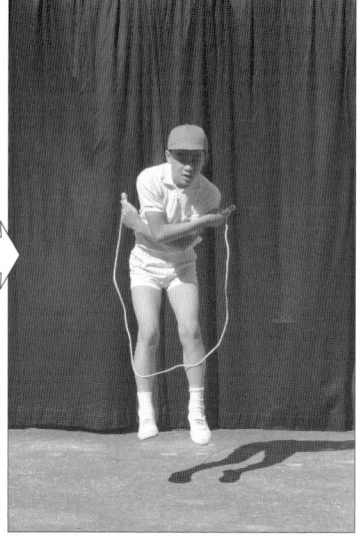

つまずく動き

跳躍が足りない，あるいは腕の動きが遅いことで，腕交差のなわ回しで引っ掛かってしまう

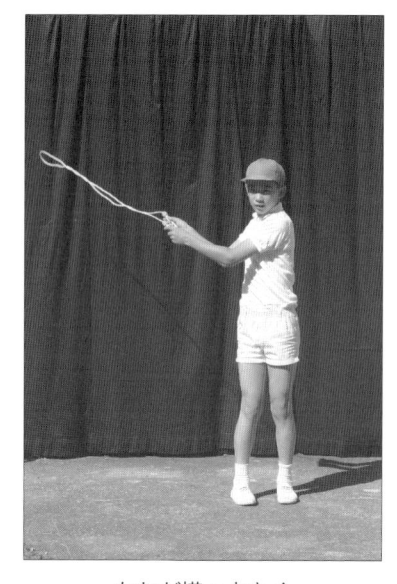

なわが横へ大きく振れてしまう

サイドクロス二重と呼んでいるが，実は1跳躍で足の下をなわが通過するのは1回で，もう1回は体の脇の床になわを打ちつけている。しかし回旋のタイミングは二重回しと同じ。比較的ゆったりしたリズムで長く続けられるとび方であり，とんでいる様子もダンスをしているようで楽しい。

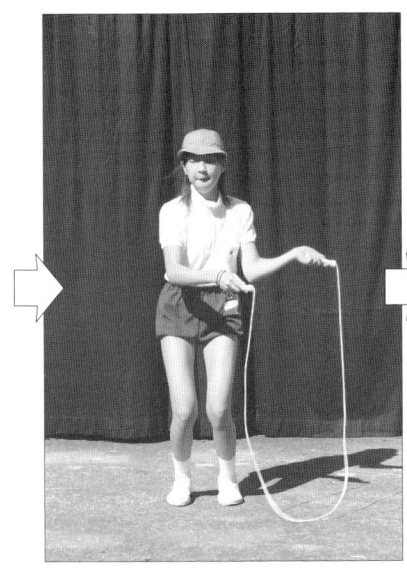

つま先から軽く着地して，左手を引いて次の回旋を始める	左側の床になわを打ちつけるのと同時に跳躍する。左腕を上にして交差し，なわをとびこす	手首を使った回旋でなわをとびこした後，軽い着地でそれ以降のサイドクロス二重を続ける

指導のポイント

はじめはゆっくりとしたリズムでよいので，1跳躍のうちに「床になわを打ちつける→交差でなわをとぶ」というなわ回しを行う	体からなわが離れないように，8の字回旋を練習する。スピードは速めで

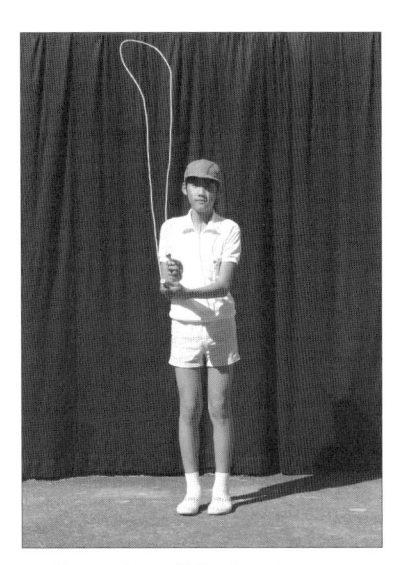

II 二重回し系のとび方

後ろサイドクロス二重

中・高

運動のポイント

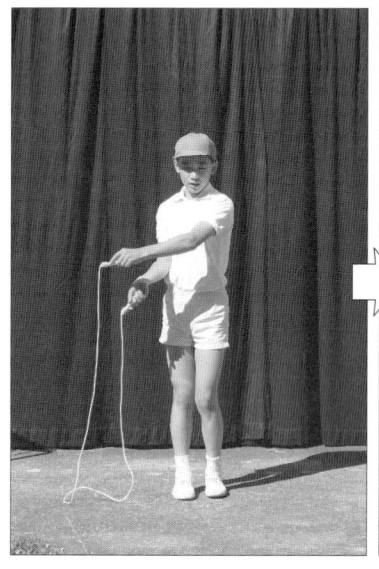

後ろ回しでなわを体の脇の床に，左右交互に打ちつけリズムをつくる

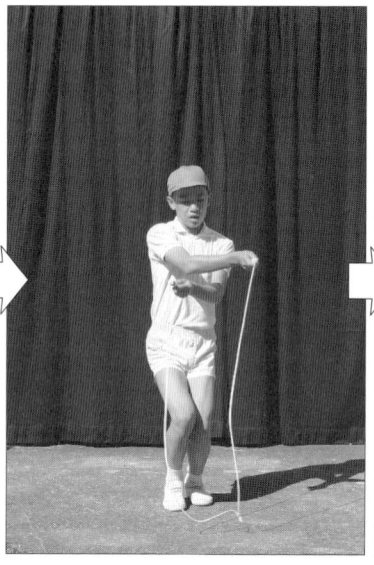

左側の床になわを打ちつけるのと同時に，大きめの跳躍をする

左側の腕を下から回して交差し，なわをとびこす

つまずく動き

腕交差でなわをとびこす前に，片手でなわを引いて次の動作を始めてしまい，なわが巻き付くように引っ掛かってしまう

交差した腕が体から離れてしまう

サイドクロス二重(p.52)の後ろ回し。体のそばをなわが回り，腕交差のなわ回しでは手首が上手に使えることがポイントになる。

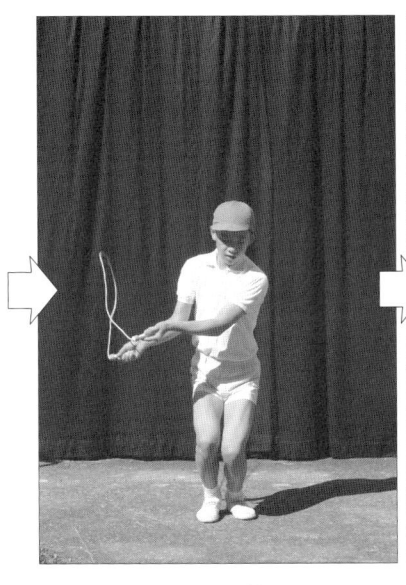

つま先から軽く着地して，右手を引いて次の回旋を始める

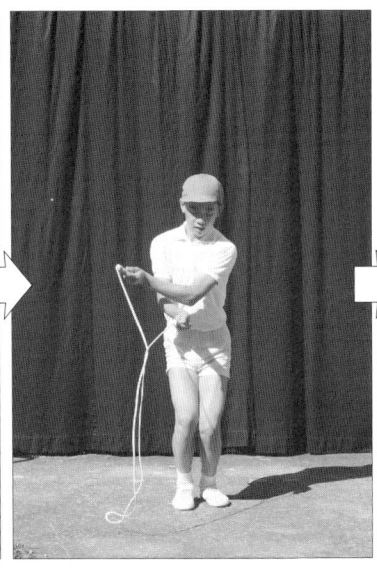

右側の床になわを打ちつけるのと同時に跳躍する。右側の腕を下から回して交差し，なわをとびこす

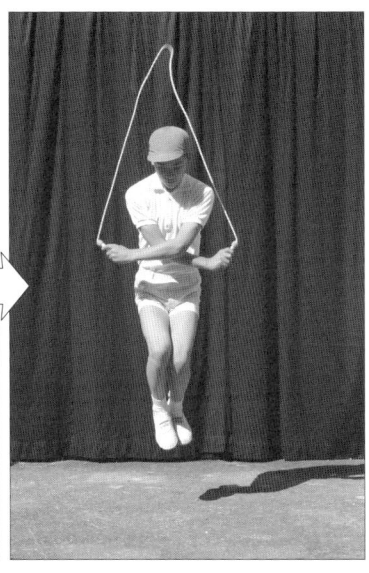

腕交差でなわをとびこした後，軽い着地でそれ以降の後ろサイドクロス二重を続ける

指導のポイント

はじめはゆっくりとしたリズムでよいので，1跳躍のうちに「床になわを打ちつける→交差でなわをとぶ」というなわ回しを行う

速いリズムの後ろ交差とび，後ろサイドクロスを練習する

55

Ⅱ 二重回しをゲームで楽しむ
二重回しリレー

中・高

■ステージ型の二重回しリレー■

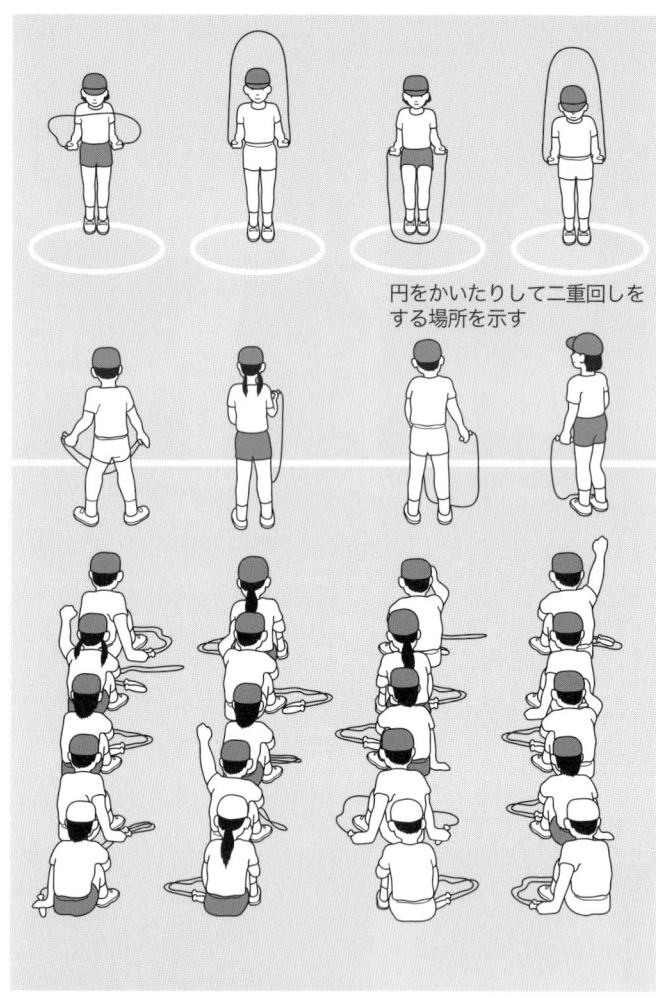

円をかいたりして二重回しをする場所を示す

狭い場所（教室）でもできる

〔進め方〕
・1チーム7人〜10人。
・とぶ順番を決める。最後の子だけ白帽子にすると，勝負がはっきりわかる。
・最初にとぶ子，次にとぶ子以外は座って待つ。
・教師の合図で始める。
・5回まではふつうとびで，あとは二重回しでとぶ。
・引っ掛かったらすぐ次の子が出てとぶ。
・長くとび続けたチームから1位，2位…となる。

〔指導上の留意点〕
・二重回しの連続回数のデータをもとにして，できるだけ均等なチームをつくる。
・ストップウオッチで各チームの記録を計測して，勝敗だけでなく記録の向上についても全体の前で賞賛する。
・次にとぶ子が連続の回数を数え，個人の記録の伸びも認めてやるようにする。
・連続で10回とべない子には階段二重回し（二重回しの間に前回しとびを入れる）を認める。あるいは，腰抜け二重回し（1回だけでしゃがみこむ）を3回まで認める。

〔アレンジの工夫〕
・全体の技能が上がってくれば，いろいろな二重回し系の技でのリレーが可能になる。
・前二重回し，後ろ二重回し，サイドクロス二重など，複数の種目を人数を決めてとぶ，メドレーリレーも楽しい。
・「20回をできるだけ早く終わらせる」という競争の仕方もある。この場合は引っ掛かったら，足し算（合計）で20回とべばよいこととする。

短なわとびは，個人で技を達成する楽しみ方だけでなく，引っ掛かったらすぐ次の子がとぶといった，リレー形式の集団ゲームにすることで，クラスみんなで盛り上がることができる。全員に出番があり，仲間の前でとぶ緊張感も楽しい。

■整列型の二重回しリレー■

スタート →

次の者は立って準備
カラーコーン
↑ 石灰などで線をひく

〔進め方〕
- となりの子となわが当たらない間隔で並んで座る。
- 教師の合図ではじ（前）の子からとび始め，引っ掛かったら次の子がその場でとび始める。
- 長くとび続けたチームから1位，2位…となる。

〔指導上の留意点〕
- 人数の少ないチームで2回とぶ子がいる場合，とび終わったあとに列の後ろへ移動する際，とんでいる子の邪魔にならないように指示する。
- ステージ型よりもなわの貸し借りがしにくいので，自分のなわをしっかり準備させる。
- 時間が少ないときは，両側から2人ずつとばせることもできる。

つまずく動き

なわの準備ができていない　　はじめの前回しをわざとゆっくりすると，引っ掛かりやすい

III. 長なわとび

III-1 基礎となる動き

なわの持ち方と回し方

低

> **運動のポイント**

- なわの両端には，ほつれ止め，滑り止めのための結び目をつくるとよい。ほつれ止めのためにはさらに切り口付近にビニルテープを巻く。
- 写真のように小指側に結び目がくるように握る。

- なわで手の甲を巻くように1回転させ，写真のように握る。

- 回し方は，肩を支点にして腕を伸ばして大きく回すようにする。
- 上に回すときはゆっくり大きく，下に回すときには少し速めに回す。
- 目線は，なわをとぶ子の足元を見るようにする。

- 長なわを回す場合，膝の動きも大切になる。
- 2人のリズムを合わせ，一定させるためにも膝の曲げ伸ばしでリズムをとるようにさせる。

長なわとびを上手に続けるポイントは，実はなわ回しにある。とぶ練習となわを回す練習を，同時に進める必要がある。なわの材質は，綿・化繊混紡，太さは10mm程度の適度な重さのあるものがよい。長さは4m程度が回しやすい。一度に5人以上がとぶ場合には6m程度のなわも準備するとよい。

■速いなわ回し■

・長なわも速く回すときは短なわとびのように，手首と肘を使ってなわを回す。
・写真は，短なわでは後ろ回しと同じ方向の回転であるが，こちらの方が回しやすい。

・短なわの前回しと同じ方向の回し方。
・低学年で，速く回すのはやや難しい。

・はや回しのときには，なわの回転が小さくなるので，頭がなわに当たらないように気をつけることも必要になる。

・ダブルダッチ（p.76）では，左右交互に前回しをすることになる。
・この場合も，手首と肘を使う回し方になる。

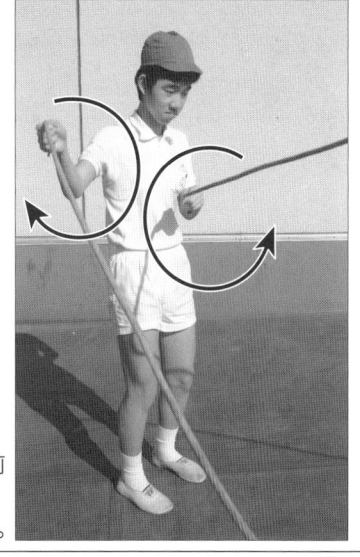

III-1 基礎となる動き

大波・小波

低

なわを左右に振動させ，それに合わせて跳躍をするとび方。なわが常に目線より下なので，なわが顔に当たりそうだという恐怖感がなく，長なわとび導入のとび方として取り入れるとよい。

運動のポイント

- なわを回す2人の中央にとぶ子が立って準備する。「せーの」などの合図で，立っている子の反対側になわを振り出し，戻ってきたなわをとびこす。なわ1回の振動で2跳躍するとリズムを合わせやすい。
- とぶ子はその場でとぶように心がけ，あまり左右に動かない方がよい。

- とぶ子は回し手の1人を見て，なわの振動のタイミングをはかるようにする。
- 回し手が見えない横方向を見てしまうと，1回おきに後ろからくるなわをとぶことになり，引っ掛かりやすい。

- 慣れてきたら，左右に揺らしているなわに横から入ってとんでみる。
- このときも，回し手2人の中央であまり動かないでとぶように注意する。
- 10回とべたら合格として白帽子にする。回し手を交代しながらグループ全員が白帽子になるように励ます。

つまずく動き

- 振れてくるなわに向かうように跳躍して，大きく左右に動いてしまうことがある。
- 跳躍・着地が安定せず，1振動2跳躍もしにくくなる。
- スタートを回し手2人の中央として，その場でとぶように注意させる。

III-1 基礎となる動き

ゆうびんやさん

低

歌を歌いながら長なわをとぶ遊び。グループの仲間が歌を歌ってやることでリズムを助ける活動にもなる。歌詞は

『ゆうびんやさ〜んのおとしもの　ひろ〜ってあげましょ』（この間なわは左右の振動）

『1まい　2まい　3まい…』（なわは1まいごとに1回旋）

『10まい　ありがとさん』（『さん』でなわをまたいで終了）

運動のポイント

- なわを回す2人の中央にとぶ子が立って準備する。「せーの」などの合図で、立っている子の反対側になわを振り出し、歌を歌いながらリズムを合わせてなわを左右にゆらす。
- とぶ子は、その場からあまり動かないようになわに合わせて跳躍する。
- 1回の振動で2跳躍が適当。

- 『ゆうびんやさ〜んのおとしもの　ひろ〜ってあげましょ』の間、数回のなわの振動、跳躍を調子よく続ける。

- 『1まい　2まい　3まい…10まい』のリズムでなわを回旋させ、それに合わせて跳躍する。1回旋2跳躍が歌のリズムと合う。
- 『ありがとさん』のなわまたぎはできなくても、10枚とべたら合格として、帽子の色を白にする。回し手を交代しながら、グループ全員白帽子を目標とする。

つまずく動き

- なわの回旋のときに2人のリズムが合わない。
- 中でとぶ子に合わせてなわ回しの子も跳躍してしまうこともある。
- 指導者が後ろからなわを持って一緒に回してやるとよい。子どもが跳躍をして、子どもの頭と指導者のあごがぶつからないように注意する。

III-1 基礎となる動き

とおりぬけ

低

運動のポイント

２人でリズムを合わせて，なわ回し（かぶり回し）を安定させる。なわに当たらない程度に近づき準備する

なわが床に当たる音をスタートの合図として，なわを追いかけるようになわに入っていく

つまずく動き

なわに入るタイミングがつかめない。なわに合わせて上半身が動くが，スタートできないことが多い

とおりぬけの途中で走るスピードが落ちる

ゆっくり回旋させているなわに入り，とばずになわに当たらないようにそのまま走り抜けるのが「とおりぬけ」である。なわに入るタイミングをつかむ練習になる。
　なわ回しは，上からなわが自分に向かってくる回し方（かぶり回し）で行う。

中で止まらず，そのまま反対側へ走り抜ける

走り抜けたらもとの位置に戻る。連続の場合は次の子もスタートしている

指導のポイント

指導者や，うまく入れる子が手をつないで一緒にとおりぬけをする

少し慣れたら，入るタイミングで背中を押してやる

III-1 基礎となる動き
Oの字とび

低

運動のポイント

なわが床に当たる音をスタートの合図として，なわを追いかけるようになわに入っていく

中央でいったん止まって，両足踏み切りでとぶ

つまずく動き

なわに入るタイミングがつかめない。とおりぬけを十分に経験しておくことが大切

走った勢いのまま跳躍して，着地位置がずれる。こうなるとなわが後ろから追いかけてくることになり引っ掛かりやすい

とおりぬけ（p.64）のタイミングでなわに入り，中央でいったん止まってなわをとびこし，なわから抜ける。

子どもの動きを上から見ると0（ゼロ）の字に動いているのでこう呼んでいる。

踏み切りと同じ位置に着地し，急いでなわから走り抜ける

走り抜けたらもとの位置に戻る

指導のポイント

回し手を結ぶライン（体育館のラインでもよい）を引き，ラインの上でとんで着地することを意識させる

連続でとぶようにすると，タイミングがつかみやすくなることがある

III-2 いろいろなとび方
8の字とび

低・中

運動のポイント

回し手はかぶり回しを行う。回し手のそばに並び準備する

とおりぬけ(p.64),0の字とび(p.66)と同じタイミングでなわに入る

つまずく動き

跳躍した後,横方向に抜けようとする

指導のポイント

上から見て人の動きが数字の8の字になる。とんだら回し手のすぐそばを抜けて,細いスマートな8の字になるとよい

長なわとびのとび方で、最も知られているとび方が8の字とびだろう。連続とびで長く続けたり、なわ回しを速くして一定時間の回数を競ったりして楽しめるとび方である。

連続とびのときには、スタートが遅れた子の次の子、その次の子が引っ掛かることがある。

中央でなわをとびこす

急いで反対側の回し手のそばを抜ける。次の子も、できるだけ間をあけないように続けてとぶ

地面に8の字を書いて動き方を示してやる

慣れたら、片足で踏み切って走り抜けるようにとぶ

引っ掛かった子の前の子、その前の子に原因があることがある

先頭の子が最後尾の子とすれ違うときに遅れないようにする

69

III-2 いろいろなとび方

むかえ回し8の字とび

低・中

運動のポイント

回し手はむかえ回しを行う。回し手のそばに並び準備する

なわが目の高さを下から上に通り過ぎたら、なわを追いかけるようにスタートしてなわに入る

つまずく動き

「両足踏み切り−両足着地」をすると、なわから抜けるのが遅くなり、引っ掛かりやすい

跳躍した後、横方向に抜ける。上半身や顔になわが当たることがあるので気をつけたい

通常のかぶり回しに対して，なわが下から自分に近づいてくるのがむかえ回しである。子どもたちの言葉では反対回しとも言われている。

入るタイミングがつかめたら，「片足踏み切り－片足着地」で走り抜けるようにするとよい。

なわの中央を「片足踏み切り－片足着地」で走り抜けるようにとぶ

反対側の回し手のそばを抜ける

指導のポイント

中央より少しだけ奥でなわをとびこすと，なわから抜けやすく，次の子も入りやすい

背中を押してタイミングを教えてやる。遅れがちな子の前後に上手な子が並ぶと，遅れをカバーしやすい

III-2 いろいろなとび方
ひょうたんとび

中・高

運動のポイント

0の字とび（p.66）と同じタイミングで，かぶり回しのなわに入っていく。なわの奥に入りすぎないように注意する

なわの中央でとびこす。回し手2人を結ぶ線から反対側へ大きくはみ出さないようにする

つまずく動き

なわの奥まで入りすぎて，なわから抜けるときに引っ掛かる

指導のポイント

ひょうたんとびの動き

なわをとぶ子の動きを上から見ると，ひょうたんのようなかたちになるので「ひょうたんとび」と呼んでいる。
　かぶり回し，むかえ回し，両方でなわに入れることが必要になる。

8の字とびとは反対の方向へ抜ける。抜けるときにむかえ回しになる。素早く回し手のそばを抜ける

全員がとんだら，反対側から同じようにとぶ。今度はむかえ回しで入ることになるのでタイミングに注意する

回し手2人を結ぶラインを決めて，それを目安に大きくはみ出さないように練習する

中央ライン寄りの足で踏み切って，走り高とびのはさみとびの要領でとぶと，なわを抜けやすい

■ひょうたんダブルとび■
両側から同時にひょうたんとびをする

73

III-2 いろいろなとび方

人数とび

中・高

運動のポイント

■2人とび■

せーの！

なわの横に2列になって準備し、2人で声をかけ合ってなわに入る

真上にとんでその場に着地する

着地後、すぐになわから抜ける

■4人とび■

せーの！

4人が手をつないで準備する。2人とびと同じタイミングで大きなかけ声をかけてなわに入る

回し手の間で真上にとび、その場に着地する。両端の子は膝を曲げて高く跳躍し、体も小さく丸めるとよい

つまずく動き

なわに入るのが遅れる

4人の跳躍がずれる

抜けるときに手などが引っ掛かる

74

長なわとびは，なわに入る方向，出る方向の他にとぶ人数を変えても楽しむことができる。「みんなでジャンプ」方式なら20人くらい，「入って－とんで－出る」なら4人程度まで可能である。

先頭の「せーの」の合図は，2番目以降の仲間への合図としても大切である。

■8の字2人とび■（2人とびは8の字の動きでも可能）

かぶり回しの方向で準備する。なわが床に当たる音を合図になわに入る。なわに近い子が少し奥まで入る

なわの中央でとぶ。引っ掛からないように，少し高めにとぶ

後から出る子が引っ掛からないように，素早くなわから抜ける

着地後すぐになわから出る。なわから出たら，2人ずつ左右に分かれる

2人ずつ左右から元の位置に戻る

指導のポイント

4mのなわであれば手の甲に巻かず長く持つ

手をつないだ仲間がタイミングを教える

III-2 いろいろなとび方
ダブルダッチ

高

運動のポイント

■なわ回し■

2人でなわをぴんと張って，長い方のなわを手の甲や指に巻いて長さを合わせる

手首と肘をうまく使い，左右交互の前回しで小さくなわを回し始め，少しずつ近づく

■ダブルダッチ■

回し手の脇に立って準備する。このときに，なわが床に当たる音を聞いてリズムをつかんでおくとよい

手前のむかえ回しのなわに合わせてなわに入る

2本のなわをリズミカルにとぶダブルダッチは子どもたちがあこがれる技である。回し手がしっかりなわを回せること，むかえ回しのなわに入ってとべることが大切になる。
　子どもたちの関心の高い技であるが，他の技で十分楽しんで慣れたあとに扱うのがよいだろう。

床になわが当たる所まで近づく

膝でリズムをとってなわ回しを安定させる。回す子の目線は，とぶ子の足元

着地をやわらかくして，2回目以降の跳躍に備える

なわ回しのリズムと合わせて跳躍を続ける

77

つまずく動き

タイミングがつかめずなわに入れない

なわとリズムが合わず長く続かない。なわを意識しすぎて跳躍が高すぎることが多い

■ダブルダッチ人数とび■

1人目に続いてできるだけ間をあけずになわに入る

前後の間を詰めて、できるだけ中央に近い場所でとぶ

人数が多い場合は2列縦隊でもよい

指導のポイント

むかえ回しでなわに入って，1回旋2跳躍でとぶ。1回旋2跳躍でとぶとダブルダッチとほぼ同じリズムとなる

跳躍の高さ，膝の曲げを押さえて，速いリズムでとべるようにする

■ダブルダッチ8の字とび■

なわに入ったときの跳躍を入れて，奇数回とんで8の字の方向へ出る

前の子が出たらすぐに入る方法

中で2人がとんでいるタイミングで次の子が入る方法

※偶数回とんで，ひょうたんとびの方向へ出ることもできる。いろいろなアレンジで楽しみ方を広げるとよい

■著者紹介

平川　譲（ひらかわ　ゆずる）

1966年　千葉県に生まれる
1989年　東京学芸大学教育学部中学校教員養成課程保健体育科卒業
千葉県成田市立加良部小学校，千葉県印西市立原山小学校を経て，
1999年より筑波大学附属小学校教諭，現在に至る

・筑波学校体育研究会理事長
・使える授業ベーシック研究会常任理事

【著書】
『体育・いっしょにのびる授業づくり－子ども・なかま・教師－』（体育授業Cシリーズ）
　　　　　　　　　　　　　　　　　　　　　　　　　東洋館出版社，2005年（単著）
『すぐわかるすぐできる体育科授業のコツ34』小学館、2003年（共著）
『子どもが力をつける体育授業－筑波大附小・33事例とカリキュラム－』（筑波叢書4）
　　　　　　　　　　　　　　　　　　　　　　　　　不昧堂出版，2004年（共著）
『苦手な運動が好きになるスポーツのコツ③水泳』ゆまに書房，2005年（単著）
『体育のなぞ』草土文化、2007年（単著）
『授業でそのまま使える！子どもがグーンと賢くなる面白小話・体育編』（基幹学力・小話シリーズ7）
　　　　　　　　　　　　　　　　　　　　　　　　　明治図書出版，2007年（共著）
『とってもビジュアル！筑波の体育授業・高学年編』明治図書出版、2010年（単著）
『体育授業が得意になる9つの方法』東洋館出版社、2012年（単著）

〈小学校体育〉写真でわかる運動と指導のポイント　なわとび

Ⓒ Y.Hirakawa 2008　　　　　　　　　　　　　　　　　　　　NDC375／79p／26cm

初版第1刷発行　――――――　2008年6月15日
　　第2刷発行　――――――　2014年9月1日

著　者　――――――　平川　譲（ひらかわ　ゆずる）
発行者　――――――　鈴木一行
発行所　――――――　株式会社　大修館書店
　　　　　　　　　　〒113-8541　東京都文京区湯島2-1-1
　　　　　　　　　　電話03-3868-2651(販売部) 03-3868-2298(編集部)
　　　　　　　　　　振替00190-7-40504
　　　　　　　　　　[出版情報] http://www.taishukan.co.jp
編集協力　――――――　錦栄書房
装幀・本文レイアウト　――　阿部彰彦
印刷所　――――――　横山印刷
製本所　――――――　難波製本

ISBN 978-4-469-26662-7　　Printed in Japan
Ⓡ 本書のコピー、スキャン、デジタル化等の無断複製は著作権法上での例外を除き禁じられています。本書を代行業者等の第三者に依頼してスキャンやデジタル化することは、たとえ個人や家庭内での利用であっても著作権法上認められておりません。